LA
UNCIÓN DE
ESTER

MICHELLE McCLAIN-WALTERS

CASA
CREACIÓN
Para vivir la Palabra

Para vivir la Palabra

MANTÉNGANSE ALERTA;
PERMANEZCAN FIRMES EN LA FE;
SEAN VALIENTES Y FUERTES.
—1 CORINTIOS 16:13 (NVI)

La unción de Ester por Michelle McClain-Walters
Publicado por Casa Creación
Miami, Florida
www.casacreacion.com
©2014-2021 Derechos reservados

Library of Congress Control Number: 2014944708
ISBN: 978-1-621368-55-7
E-book ISBN: 978-1-621369-25-7

Desarrollo editorial: *Grupo Nivel Uno, Inc.*
Diseño interior: *Grupo Nivel Uno, Inc.*

Publicado originalmente en inglés bajo el título:
The Esther Anointing
por Charisma House, A Charisma Media Company
© 2014 Michelle McClain-Walters
Todos los derechos reservados.

Visite la página web de la autora:
www.michellemcclainministries.com

Nota de la editorial: Aunque la autora hizo todo lo posible por proveer teléfonos y páginas de internet correctas al momento de la publicación de este libro, ni la editorial ni la autora se responsabilizan por errores o cambios que puedan surgir luego de haberse publicado.

Impreso en Colombia

23 24 25 26 27 LBS 9 8 7 6 5 4 3

*A **Jesús** mi Rey celestial, que mi vida sea de olor agradable a ti. Tu amor por mí es maravilloso. Me asombra que continuamente extiendas tu cetro de favor hacia mí. Mi Dios y Rey, ¡te amo tanto!*

*A mi rey terrenal el pastor **Floyd A. Walters Jr.**, el Señor nos unió para gobernar y reinar en este momento de nuestras vidas. Gracias por todo el amor y el ánimo que me diste durante este proceso. Te amo, cariño, ¡esto apenas comienza!*

CONTENIDO

Introducción

CREADA *para* ALGO MAYOR

¿PUEDE IMAGINARSE UN ejército compuesto únicamente de mujeres? Mujeres que marchan en completa sincronía con el ritmo del Espíritu Santo. Marchan en unidad, con distinción y dignidad para alcanzar el Reino de Dios. Creo que este es un tiempo en el que se expondrá la belleza y el poder de la mujer. Las décadas de opresión llegarán a su fin. Satanás sabe que cuando las mujeres descubran su verdadera identidad en Cristo, su reino de maldad terminará abruptamente. Creo que el Cuerpo de Cristo verá una manifestación de lo que declara Salmos 68:11: "El Señor daba palabra; había grande multitud de las que llevaban buenas nuevas". Cuando Dios dé la orden y se levante en la tierra un ejército de mujeres que proclama las buenas nuevas, un tiempo estratégico en la historia de la humanidad vendrá.

Esta nueva generación de mujeres no intentará llevar a cabo su misión copiando la vestimenta y el comportamiento de los hombres, como lo hizo el movimiento feminista. No, todo lo contrario. Estas mujeres se vestirán con la seda más suave y con tacones altos y elegantes. Sus armas serán la determinación, la sabiduría y un verdadero discernimiento, reconociendo que el verdadero enemigo es Satanás y no los hombres.

Ellas abrazarán su feminidad como una bendición y un regalo de Dios. Estoy convencida de que somos esta nueva generación de mujeres.

El enemigo ha devaluado la femineidad y ha borrado la línea que la define. No tenemos que esconder nuestras cualidades femeninas y competir con el hombre para lograr nuestras metas. Tenemos que desarrollar un entendimiento claro de quiénes somos en Dios. Tenemos que tener una visión clara del plan de Dios y hacer de sus estándares los nuestros. No podemos creernos las mentiras que dicen que los estándares masculinos son los estándares que debemos emular para que nos respeten, para cumplir con nuestro propósito y encontrar nuestra identidad en esta sociedad. Sólo Jesús tiene la llave de nuestra verdadera identidad.

Dios no creó a la mujer para que hiciera todo lo que el hombre puede hacer. La igualdad no significa uniformidad. La igualdad significa que cada persona es valorada al mismo nivel que la otra por su contribución única. Precisamente nuestras diferencias serán nuestras fortalezas cuando las reconozcamos y las utilicemos efectivamente en vez de que luchen entre sí. La Palabra de Dios nos enseña claramente que los hombres y las mujeres están destinados a ser compañeros de vida, no sólo en el matrimonio. Cuando nos juntamos en unidad y respeto mutuo, y dependemos de los dones que Dios le ha dado a cada uno, comenzamos a expresar la imagen de Dios en la tierra.

Tanto los hombres como las mujeres fueron creados a imagen y semejanza de Dios. De generación en generación nuestra sociedad cambia sus expectativas acerca de nosotros. Es por esto que solo debemos usar la Palabra de Dios para corregir las distorsiones y la devaluación de la diferencias entre los hombres y las mujeres. Su Palabra no cambia.

Las mujeres fueron creadas para expresar la parte femenina del gobierno y el Reino de Dios. Dios ha cubierto a la mujer con el don del liderazgo para influenciar e impactar el mundo positivamente. Dios creó a la mujer para que cuidara. Fuimos diseñadas para influir e inspirar con sabiduría divina y gentileza a aquellos dentro de nuestra esfera. Somos ayudantes. Apoyamos y defendemos los sueños y las visiones. La feminidad de Dios no es amenazante y no busca intimidar. La feminidad de Dios es poder bajo control.

De la inferioridad a la influencia

Hay un gran mover del Espíritu Santo entre las mujeres. Las mujeres alrededor del mundo están sintiendo una pasión que brota desde nuestro espíritu y dice: "Fui creada para algo mayor". Dios nos está liberando para que pasemos de un lugar de inferioridad, competencia y miedo a un lugar de poder, influencia y valentía. Ya no sentimos la presión de ponernos nuestros "uniforme de combate" para imitar a los hombre, sino que recibimos sanidad y liberación de la tradición y la religión que nos han mantenido cautivas por siglos.

El Señor está desatando su favor y su gracia sobre nosotras para que podamos cumplir su propósito en la tierra. La pregunta es: ¿Estamos dispuestas a someternos al proceso de entrenamiento para que nos envíen a cumplir el propósito de Dios?

Dios nos llama a usar nuestros dones y talentos para impactar nuestra sociedad, nos llama a predicar, enseñar, orar, profetizar y libertar las naciones. Dios nos da el poder para seguir el camino que nos trazó de antemano. Nos levantaremos e influenciaremos el mundo como nunca antes. Las mujeres se levantan con un nuevo nivel de determinación, valentía y fe inquebrantable. Esta nueva determinación tiene que prepararnos y posicionarnos correctamente. Debemos examinar cómo Dios quiere usarnos para influenciar el Reino de Dios y el mundo. Creo que la combinación de la oración y la acción serán las claves fundamentales para lograr que las mujeres influyan dentro de sus esferas de autoridad.

Las mujeres son de los recursos más valiosos, pero desaprovechados. Somos las armas secretas de Dios. La luz de Dios brilla y les concede a las mujeres el favor para que lleguen a ser todo lo que han soñado ser. Dios está levantando a mujeres llenas de Él, con autoridad y las está posicionando en lugares de influencia donde traerán libertad a las naciones de la tierra. Está posicionando a mujeres llenas de Dios y de su gracia para que detengan los planes del enemigo.

Cuando pienso en este cambio sobrenatural que Dios está provocando en la vida de las mujeres, pienso en mi amiga Kimberly Daniels, quien es mi colega, miembro del consejo municipal y apóstol. Durante sus días universitarios, la apóstol Kimberly era la corredora más rápida de la nación. Luego, ella se unió a la milicia y ¡se convirtió en una de las corredoras más rápidas del mundo! Entonces, su vida tomó un giro inesperado y se hundió en el estilo de vida de las calles. Sin embargo, Dios intervino y cambió su destino. Lo que había sido destinado a mal se convirtió en uno de sus recursos más grandes en el Reino: a través de este proceso de ser la corredora más rápida en la nación a vivir en las calles, la apóstol Kimberly obtuvo la capacidad de relacionarse con personas de todo tipo de trasfondo. Por medio de su ministerio, comparte su testimonio por todo el mundo y ha logrado que muchos se salven de manera milagrosa, que otros reciban sanidad interior y liberación. Ella tiene un bachillerato en criminología, una maestría en educación cristiana y un doctorado en consejería cristiana. No obstante, no se detuvo ahí.

En el 2011, la apóstol Kimberly fue elegida como miembro del Consejo Municipal de Jacksonville, Florida al recibir casi noventa y tres mil votos mientras gestionaba su propia campaña. Ella logró en dos días lo que sus oponentes, que hicieron campaña por dos años, no lograron. Sus resultados electorales fueron milagrosos e históricos. Con su iglesia, *Spoken Word Ministries*, y su posición en el consejo municipal, la apóstol Kimberly actualmente influye tanto en el ámbito espiritual como en el político de su ciudad.[1] Ella es un ejemplo actual de la manifestación de la unción de Ester.

¿Qué es la unción de Ester?

Hay un momento crucial en la historia de Ester cuando su pasado y presente coinciden y su unción fue revelada. En ese punto de convergencia fue donde Dios, el gran creador de perfumes, tomó todas las experiencias amargas y dulces de la vida de Ester y las unió bajo el aceite del Espíritu Santo para producir lo que en este libro llamo "la unción de Ester".

La unción de Ester es una gracia concedida a la mujeres para que sean de influencia en la cultura actual con el propósito de extender el Reino de Dios. La unción de Ester es una unción de valentía y justicia audaz ejercida con gran sabiduría para ir en contra de la injusticia y libertar a una generación que va rumbo a la destrucción. Las Ester de hoy día tendrán un espíritu humilde, lleno de gracia y enseñable que adquirieron como resultado de someterse al proceso del Señor. Muchas de las Ester de hoy día han estado en lugares de oscuridad, aparentemente escondidos y olvidados por Dios. Pero, de repente, Dios las removerá de su zona de comodidad y las ubicará en posiciones donde tendrán que hablar un nuevo lenguaje, aprender una nueva cultura y superar los prejuicios por género.

Dios, en su sabiduría infinita y en su escuela del espíritu cuidadosamente diseñada, las ha equipado para un tiempo como este. Él utiliza cada crisis, cada injusticia y cada victoria para que en conjunto obren para bien; el sufrimiento las ha enseñado a obedecer. Ellas han servido a Dios en lugares inhóspitos y han aprendido a someterse a la autoridad en vez de convertirse en mujeres de autoridad.

La amargura no será el trasfondo de esta nueva generación de mujeres, como la pregunta que hace Salomón en Cantar de los Cantares 8:5: "¿Quién es ésta que sube del desierto, recostada sobre su amado?". Estas mujeres serán motivadas por el amor de Dios, apoyadas en su fuerza y sus habilidades. No serán intimidadas por las leyes naturales o desanimadas por las opiniones de los hombres. El temor de Dios y el odio que le tienen al enemigo serán las fuerzas que impulsarán a estas Ester.

Muchas de estas mujeres demostrarán una belleza auténtica, abrazarán su identidad y manifestarán el poder de Dios a través de su feminidad. Desarrollarán alianzas estratégicas santas con hombres mentores, como hizo Ester con Hegai y Mardoqueo, para destruir la división y la competencia entre los hombres y las mujeres.

Las Ester de hoy día tendrán unción para unir a las personas en torno a los propósitos de Dios. Entenderán los tiempos específicos de Dios. Organizarán reuniones de ayuno y oración para implorar por la vida de su gente ante los tribunales del cielo y de la tierra.

La unción de Ester es una unción de influencia, justicia audaz, sabiduría, feminidad y favor. Este favor que llevarán las Ester de hoy día no es para su propio beneficio. Ellas entienden que el favor de Dios es para poder cumplir la tarea que Dios les encomiende aquí en la tierra. Es por el favor de Dios que serán capaces de que las autoridades civiles impías les concedan lo que ellas pidan. Este favor provoca que las políticas, las reglas, las regulaciones y las leyes funcionen a favor del reino (vea Ester 8:5).

¿Es usted una de estas Ester?

¿En qué punto de su travesía se encuentra? ¿Piensa que su vida no es importante porque es mujer? ¿Ha perdido la esperanza de ver el cumplimiento de las promesas de Dios en su vida? Quizás está pensando que Dios nunca podría usarla debido a todas las situaciones terribles que ha tenido que atravesar. Tal vez se ha dicho: "He cometido demasiados errores".

El marco completo de la unción de Ester se basa en un cambio total de su destino. La historia de Ester es un ejemplo de cómo en un momento crucial de la historia las promesas de Dios se cumplieron, no por su intervención milagrosa, sino mediante eventos completamente ordinarios. La historia de Ester podría ser tu historia. Dios usará los acontecimientos ordinarios de su vida para cumplir las promesas extraordinarias que le ha hecho. El libro de Ester está lleno de una esperanza que no se ve a simple vista. Es el único libro de la Biblia que no menciona el nombre de Dios, pero el mensaje de su gracia y redención permea en cada palabra. A simple vista, pareciera como si Dios estuviese ausente, pero la historia de Ester demuestra que Él siempre trabaja tras bastidores para llevarnos a cumplir su propósito en nuestras vidas.

Este libro discutirá la forma en que Dios les revela su destino a las mujeres líderes que lo tienen a Él como prioridad. Identificará los rasgos de carácter que debe desarrollar para cumplir su destino; la guiará a saber cómo, cuándo y dónde sus dones funcionan mejor; la enseñará a descubrir y evitar las trampas que intentan impedir que camine con valentía hacia su destino; y le dará la motivación y el ánimo que necesita para moverse a un lugar de importancia.

Al igual que Ester, aprenderá a ceder al llamado de Dios para su vida y a someterse al proceso de purificación del Espíritu Santo. Ester atravesó una temporada de preparación física y espiritual. Verá cómo su respeto por la oración y el ayuno la convirtieron en el recipiente humilde que Dios usó para rescatar individuos, cambiar circunstancias y liberar naciones.

Ester fue una mujer sensata, valiente y abnegada. Ester salió del exilio y la pobreza para convertirse en reina. Ella no permitió que su pasado determinara lo que Dios era capaz de hacer en el futuro.

Si cree que dentro de usted está desarrollándose una unción como la de Ester, acompáñeme a través de las páginas de este libro para descubrir qué áreas ha sido llamada a influenciar.

Lo más grande que le podrá pasar en la vida, la mayor fuente de empoderamiento que podrá tener, es descubrir su posición en el plan profético de Dios. Esto será lo más importante para usted, conocer para qué Dios la ha ungido. Mi oración es que se familiarice con su unción y tenga cada vez más conciencia de lo que Dios la ha llamado a hacer.

Declaraciones y oraciones para activar la unción de Ester

Declaro en el nombre de Jesús que me levantaré como una mujer poderosa de Dios de la depresión y la postración en las que me he mantenido debido a las circunstancias—¡Me levantaré a una nueva vida!

Declaro que en este tiempo lo pasado queda atrás y todas las cosas son hechas nuevas. Dios me llama a servir en su ejército celestial.

Declaro que en este tiempo el Padre celestial hará que den fruto todos los sueños y las aspiraciones que puso en mi corazón.

Declaro que este es mi tiempo y temporada para lograr y vivir el propósito y el destino que Dios ha trazado para mi vida.

Declaro que me levantaré del miedo y abrazaré la valentía que viene del Señor.

❦

Oh, Señor, te agradezco por ser un Dios extraordinario que hará cosas extraordinarias por medio de mí. Me libero de las limitaciones autoimpuestas. Rompo toda limitación que el enemigo ha puesto en mi vida. Señor, tu Palabra dice: "Sacúdete del polvo...hija de Sion" (Isaías 52:2) y, en el nombre de Jesús, me sacudo de toda limitación, barrera, obstrucción y mentalidad demoniaca que me han impedido encontrar mi potencial. Ya no seré engañada y atrapada por las distracciones y por las opiniones de los hombres. ¡Fui creada para la grandeza! Fui creada para ser portadora de la gloria de Dios en toda la tierra.

Me levantaré y brillaré con la gloria del Señor. Permite que la gloria del Señor brille a través de mí. Soy un faro radiante de esperanza para los que están en la densa oscuridad.

Señor, dame palabras de sabiduría que guíen e influencien a muchos. ¡No permaneceré en silencio! ¡Quiebro cada conspiración demoniaca designada para mantenerme en silencio! No permitiré que los fracasos y las decepciones del pasado me mantengan en silencio. Abriré mi boca y Dios la llenará.

Dios, dame ideas, visión y creatividad para llevar liberación a muchos. Me has ungido para que pueda dar a los que se encuentran en mi esfera de influencia. Mis palabras impartirán vida a una generación herida.

No estoy en este mundo por casualidad. No estoy en esta década por casualidad. No estoy leyendo este libro por casualidad. ¡Soy una Ester de estos tiempos! Agito y activo la unción de Ester por medio de la oración. Abrazo mi belleza interior y exterior. Decreto que el poder de la feminidad se despierta dentro de mí.

Capítulo 1

FUE LLEVADA:
Del TRAUMA *al* TRIUNFO

Sucedió, pues, que cuando se divulgó el mandamiento y decreto del rey, y habían reunido a muchas doncellas en Susa residencia real, a cargo de Hegai, Ester también fue llevada a la casa del rey, al cuidado de Hegai guarda de las mujeres.

—Ester 2:8

CUANDO LEO ESTE versículo, me intriga el uso del tiempo verbal pasivo en la frase "fue llevada". De hecho, este verbo puede querer decir "fue llevada por la fuerza". La palabra llevada indica que la trajeron o la adquirieron como una propiedad. El edicto del rey se difundió por todo el país y los guardas del rey salieron a buscar a todas las jovencitas. Ellas se encontraban en sus casas con sus familias y de un minuto al otro las tomaron, las llevaron al palacio y las ubicaron en un harén. Hubo una interrupción repentina en sus vidas. Al

Imperio Persa no le importaba si los padres de estas jovencitas tenían otros planes para sus hijas.

Es fácil descartar a Ester y verla como una jovencita afortunada que ganó el corazón del rey. Muchas personas ven la historia de Ester como una romántica, pero me gustaría ofrecerle otro punto de vista sobre la historia. Ester era una mujer con un trasfondo traumático. Sus padres habían muerto y su primo Mardoqueo la adoptó, la cuidó y le aconsejó que mantuviera en secreto su identidad judía. De hecho, el proceso de reunir a las mujeres para una competencia era un tanto engañoso, ya que, al final, ninguna de las "concursantes" regresaría a su casa. Estas mujeres eran consideradas esclavas, y su vidas ya no les pertenecían. El rey quiso aumentar su colección de muñecas vivientes. Aquellas que fueran elegidas vivirían para siempre en un esplendor aislado, aun cuando en raras ocasiones las sacaran para jugar con ellas. ¿Cómo puede ser esto romántico? Esto se parece mucho más a lo que hoy conocemos como tráfico sexual, que a un concurso de belleza.

Imagínese que usted se encuentra llevando a cabo sus tareas diarias y repentinamente un oficial del gobierno se le acerca y, en efecto, la arrebata del lugar donde se encuentra. ¿Por qué? Porque el rey, quien es conocido por matar a las personas por puro capricho, desea una nueva esposa ya que desapareció a la que tenía. La reina anterior, Vasti, se rehusó a presentarse frente al rey y sus invitados después que él había solicitado le exhibiera su belleza a todos (vea Ester 1).

Permítame personalizar esta historia:

Ester, cuyo nombre para su familia y parientes cercanos era Hadasa, vivía en una época poco después de que el rey Nabucodonosor de Babilonia conquistara la nación de Israel, que luego fue conquistada por el Imperio Persa. Aun cuando se le había permitido a muchos judíos regresar a Jerusalén, la familia de Ester formaba parte de un grupo que había decidido permanecer en Persia. Dentro de estas modestas y pequeñas comunidades muy unidas, muchas de estas familias guardaban las leyes y las tradiciones judías, al igual que los judíos que vivieron en Egipto durante la época de Moisés. Esto fue en parte lo que le molestó a Amán y lo que lo movió a crear un plan maligno para matar a todos los judíos que se encontraban en Persia. A él no le agradaba que los judíos se rehusaran a asimilar la cultura persa.

Sin embargo, como a toda jovencita, las preocupaciones de Ester eran mucho más inocentes. Ella probablemente soñaba, tal y como soñaban las demás judías de su edad, en llegar a ser la madre del Mesías. Quizás se encontraba en la etapa en que todas las jovencitas se casaban, cerca de los doce o trece años. Ester fue criada en la tradición judía y se le enseñó que había un único Dios. Ella era parte de la tribu de Benjamín, así que la Ley de Moisés le prohibía unirse en matrimonio con otras culturas. Por consiguiente, cuando se dio a conocer el edicto del rey y los soldados llegaron a llevarse a Ester, ella debe haber sabido que su vida cambiaría por completo.

Ser considerada como candidata para casarse con el rey de una nación enemiga y contraria era totalmente opuesto a lo que le habían enseñado que debía creer. Me imagino que su terrible situación fue similar a la de Daniel, Sadrac, Mesac y Abed-nego.

No puedo identificarme con el temor y la desesperación que debe haber experimentado esta jovencita cuando la arrebataron de su hogar, sabiendo que la forzarían a incurrir en conductas y prácticas contrarias a sus creencias acerca del matrimonio y la pureza sexual. La virginidad era la honra de una mujer soltera. En este lugar, en este palacio, robarían y violentarían estas virtudes. ¿Se puede imaginar cuántas veces le suplicó a Dios que la librara de forma milagrosa mientras la capturaban y la llevaban a toda prisa a la "casa de las mujeres"?

Lo que le sucedió a Ester fue injusto. En realidad, ella era una víctima. Sin embargo, su historia le ofrece a todas aquellas mujeres que se han enfrentado a situaciones traumáticas y todo tipo de problemas que ha trastornado sus vidas, la esperanza de saber que Dios puede trabajar con nuestros temores y vicisitudes con el fin de que alcancemos nuestro destino.

Renacida de las cenizas

¿Alguna vez ha sentido que le arrebataron su destino? Quizás cuando la oposición parece ser invencible, se ha preguntado si Dios se ha olvidado de usted. Puede ser que se sienta sola en un mundo lleno de sufrimiento, injusticia y dolor. Usted no está sola. Dios ha prometido que nunca la dejará ni la desamparará, además Él no envía situaciones que le provoquen daño a sus hijas. Existe un verdadero enemigo que busca robar, matar y destruir toda su esperanza. Él no quiere que usted conozca o alcance su destino. Él buscará la manera de que usted responsabilice a Dios del mal que él le envía. Permítame ir un poco más allá, nosotros también tenemos el poder de decidir. ¿Seguimos viviendo como víctimas, o nos apropiamos de la justicia y la salvación de Cristo para vivir en victoria?

¿Qué hace usted cuando la vida se torna demasiado difícil? Puede ser que usted piense: "Qué puedo hacer con todos mis problemas y cargas para ayudar a los demás? ¿Cómo podría utilizar mi vida, mi reputación, mi comodidad y mi futuro para rescatar a otros?".

Generalmente una gran fe nace como resultado de la desesperación y la angustia, y los que realizan actos valientes luchan con el temor y la insuficiencia. La mano de Dios está sobre la vida de sus hijos. Tal y como Él utilizó las circunstancias en la vida de Ester, puede utilizar las decisiones y las acciones de su vida para providencialmente llevar a cabo su plan divino y su propósito.

Podemos confiar en el cuidado soberano del Señor en cada una de las áreas de nuestra vida. Dios trabaja de manera invisible, transformando las desilusiones y las tragedias más terribles de nuestra vida en la pieza clave de un futuro lleno de esperanza.

No podemos ver el fin de nuestra vida desde la mitad del camino; es necesario que caminemos por fe y no por vista. El resultado que el Señor traerá será mejor, llevará a cabo su plan perfecto, mientras utiliza nuestras frustraciones y nuestras experiencias negativas. Al fin y al cabo, Dios usa hasta la injusticia para que sus promesas se cumplan. Dios está presente en cada escena y en cada evento de nuestras vidas, hasta que finalmente hace que todos estos sucesos lleguen a un increíble punto culminante en el que Él pueda ser glorificado como Señor de sus hijos.

Un trauma se define como una experiencia difícil y desagradable que produce un problema mental o emocional que generalmente permanece por un largo periodo de tiempo. Cuando usted pueda verse a través de los ojos de Dios, podrá experimentar la profundidad del amor de Dios hacia usted —además de la belleza sin límites que ha puesto dentro de usted— aunque haya tenido que ver las cenizas antes de ver la belleza. Permítale a Dios cambiar su vacío y dolor por su amor profundo y abundante.

Es el momento de recibir sanidad y liberación. El Señor le dará belleza en lugar de cenizas. La cenizas representan las adversidades de su vida y la belleza representa la manera en que el Señor transformará su adversidad para que Él pueda ser glorificado.

Quiero decirle a usted, mujer de Dios, que podrán arrebatarle todo incluyendo su dignidad, pero jamás podrán arrebatarle el poder para decidir la actitud que tendrá frente a los eventos traumáticos que ha tenido que vivir. Más allá del dolor que hemos experimentamos en nuestra vida, siempre habrá un rayo de esperanza y una luz al final del túnel.

Con todas las probabilidades en su contra

A Dios no lo limitan las mismas situaciones que nos limitan a nosotros en el mundo natural. Él opera más allá de cualquier limitación, ya sea fracasos del pasado, falta de recursos o falta de educación. Dios toma lo poco que tengamos, le añade su amor y su favor y permite que alcancemos las alturas. Es así como Dios permite que tengamos éxito aún en las situaciones que parezcan imposibles. Aquí hay un ejemplo de una mujer joven que pudo experimentar esto:

"La visión tardará aún por un tiempo". La pasión por ayudar, proteger y empoderar a los huérfanos y a los niños vulnerables ardía dentro de mí desde que era una niña. Sin embargo, cuando expresé mi deseo, mi familia y mis amigos pensaron que yo era extraña y que vivía en un mundo de fantasías. Aun así nunca me desanimé. Era todo lo que deseaba. Nada de lo que pudiera realizar podía satisfacer o reemplazar esta pasión. Sentía que había nacido para esto.

Todo estaba en mi contra. No conocía a otra persona que compartiera mi pasión excepto por Madre Teresa. No contaba con los recursos necesarios, no tenía dinero y no sabía por dónde comenzar.

Pasaron muchos años, pero durante ese tiempo nunca dejé de tener esperanza ni de soñar. En el año 2003 me invitaron a ser parte de un equipo misionero que iría a tres países en África junto al apóstol John Eckhardt (supervisor de Crusaders Church y de IMPACT Network). Pude visitar Suazilandia, Mozambique y Zambia. Mientras me encontraba en Zambia, el Señor me dijo que allí sería que alimentaría sus ovejas. Me sentí sumamente feliz al escuchar esto.

Después de conversar con algunos de los nativos, luego de escuchar la condición en la que se encontraban los huérfanos y que me dijeran cómo podía ayudar, inicié de inmediato el proceso de fundar una organización no gubernamental (ONG) que llevaría por nombre Hijas de Sión Internacional (Daughters of Zion International). Después del 2003 viajé a Zambia con una licencia sin sueldo que me otorgó mi trabajo en Chicago y me establecí en Zambia por tres meses para poder familiarizarme con la cultura, establecer relaciones y a supervisar los pequeños proyectos que ya habíamos iniciado.

Desde el 2003 al 2009 a través de nuestro Proyecto de Necesidades Básicas (Bare Necessities Project), alimentamos a sesenta y seis familias compuestas por huérfanos bajo la custodia de sus abuelas. Eran aproximadamente más de doscientos niños los que se beneficiaban de este proyecto. Cada tres meses les facilitábamos comida, ropa, zapatos, detergente para lavar ropa y productos de higiene personal a estas familias. Este proyecto culminó cuando se le otorgó a las abuelas un pequeño préstamo financiero para comenzar pequeños negocios que les ayudarían a sostener económicamente a sus familias.

En el 2008 abrí una escuela, la Academia Sión (Zion Academy), en una de las comunidades más pobres de Zambia llamada Mtendere. En esta comunidad hay una sobrepoblación de huérfanos y de niños vulnerables. Los niños estaban en riesgo de ser abusados debido a que los únicos negocios que operaban eran bares y clubes. No podía soportar ver a estos niños sufrir de esta manera.

Los niños y los padres estaban muy felices de que la escuela abriera. Se les daba comida dos veces al día y se les proveyeron los uniformes y los materiales escolares. Para algunos de ellos, esas dos comidas eran las únicas que comían al día. Ahora podían aprender y jugar en un ambiente seguro. Hubo hasta que comprarles zapatos a muchos de ellos porque sus padres no tenían el dinero para hacerlo.

Desafortunadamente la escuela tuvo que cerrar dos años después debido a que el dueño del local quería que le pagáramos más de lo que costaba la propiedad en sí y más de lo que nuestro presupuesto alcanzaba.

No todo estaba perdido. Les compramos uniformes y materiales escolares a los cuarenta estudiantes que asistían a la escuela y se ubicaron en escuelas fundadas por el gobierno.

En diciembre de 2011, me mudé para Zambia para trabajar a tiempo completo en el ministerio. Actualmente operamos una casa para niñas huérfanas que han sido abusadas o abandonadas. Recibimos niños que adquirieron el virus del SIDA al nacer y también recibimos a niños severamente desnutridos. Por la gracia de Dios se encuentran muy bien y se han recuperado considerablemente tanto física como espiritualmente.

Estoy muy agradecida del amor que Dios les ha mostrado a estos niños menos afortunados. Me siento humilde y honrada de que Él me haya elegido para este ministerio tan gratificante. Estoy muy agradecida por las oraciones y el apoyo que hemos recibido.

—Shani Britton

Declaraciones y oraciones para sanar traumas y activar un espíritu de triunfo

Declaro que ha venido mi luz. No estaré más en oscuridad, pues el Señor me ha dado revelación celestial y me aclara el camino. Mi propósito se hace cada vez más claro.

Soy una mujer con fortaleza mental, emocional y espiritual. Nuevas fuerzas surgen dentro de mí.

Elijo caminar hacia delante a pesar del trauma. Mantendré un alto sentido personal de la vida. No permitiré que las situaciones de la vida me destruyan. Recibo una fuerza interior para vencer.

Declaro que no permitiré que los eventos traumáticos que he vivido me definan y me desvíen de mi destino. No permitiré que un espíritu de amargura, dolor y falta de perdón gobierne mi vida. Me rehúso a tener una mentalidad de víctima.

Soy fuerte y tengo la capacidad de resistir la oposición. Continuaré bendiciendo y sirviendo al Señor y a otros aun en medio de las tormentas y las crisis.

Soy una saeta de liberación que el Señor está puliendo para lanzar estratégicamente desde su aljaba.

Soy una mujer con la capacidad de soportar la presión y la adversidad.

Soy visible, distinguida, destacada y prominente. Brillaré como un diamante para el Rey de gloria.

☒

Señor, eres mi refugio y mi fuerza, mi ayuda en tiempos de adversidad. Abrazo tu sanidad y liberación. Eres mi gloria y quien levanta mi cabeza. El resplandor del rostro de Dios está sobre mí. Soy la niña de tus ojos, y el favor y la gloria del Señor están sobre mí. Señor, revísteme con el manto de la dignidad y la fuerza. En el nombre de Jesús, te lo pido. Amén.

Capítulo 2

FAVOR *para* CUMPLIR SU LLAMADO

> La joven le agradó a Hegai y halló favor delante de él, por lo que se apresuró en proveerle cosméticos y alimentos. Le dio siete doncellas escogidas del palacio del rey, y la trasladó con sus doncellas al mejor lugar del harén.
>
> —Ester 2:9, NBLH

NECESITAMOS EL FAVOR de Dios para cumplir el llamado de Dios aquí en la tierra. Yo creo que el favor que recibiremos será de acuerdo a la tarea que Dios nos haya asignado. El favor hace que otros nos ayuden a alcanzar nuestros planes y sueños. Cuando el espíritu de favor está sobre nosotros, este impulsa a las personas a ayudarnos con nuestro llamado. El Señor está levantando a mujeres que tienen el favor de Dios. Esta unción especial no es solamente para beneficio personal. El espíritu de favor la posicionará en lugares de influencia para traer sanidad y liberación a las generaciones. Esta unción de favor está designada para ayudarle a usted a ayudar a otros y a extender el Reino de Dios aquí en la tierra. Dios está llamando a mujeres que traerán libertad a otros aquí en la tierra, mujeres que salvarán algo o a alguien (especialmente a una persona o una causa) del peligro.

Bíblicamente, podemos definir el favor como "la disposición amistosa de la cual actúan actos de bondad; para ayudarle, para proporcionarle ventajas especiales, para recibir un trato preferencial".[1] Generalmente el significado de favor es benevolencia, aceptación y los resultados beneficios que estos tienen. También se utiliza indistintamente con las palabras misericordia, gracia y bondad. El favor es lo que le ayuda a alcanzar su destino divino y el llamado de Dios con el mínimo esfuerzo necesario. El favor la promueve. Este la llevará a un nivel más alto de éxito y de servicio. Lo hizo con Ester.

En un momento ella fue una refugiada judía huérfana. Un año después la coronaron como la reina de Persia. El favor de Dios provocó que Ester ganara la benevolencia de todo aquel que la conociera. El favor la liberó de tener que realizar labores y esfuerzos innecesarios o sin sentido. El favor hizo que el semblante o la presencia de Ester atrajera o cautivara a las personas que posiblemente apoyarían su visión. Todas las personas que entraban en contacto con Ester la favorecían. Había algo en Ester que provocaba que todos la "favorecieran", desde el rey hasta las mujeres del harén que competían contra ella para ganar las atenciones y el afecto del rey. Josefo el historiador lo llamó "el hilo invisible de la gracia". Tenía un encanto que hacía que todos la rodearan. El Diccionario Merriam-Webster define la palabra encanto como "ser agradable, placentero, atractivo en una forma dulce y cautivante". Una persona encantadora atrae a los demás hacia sí. Ester experimentó el favor con Hegai, pues él la colocó como cabeza del harén y le facilitó todos los recursos necesarios para ganar su posición como reina. (Más adelante en otro capítulo descubriré otro punto de vista sobre esto).

El favor le abrirá puertas que de lo contrario permanecerían cerradas. La posicionará para alcanzar bendiciones e influencia. El favor provoca que aún los que estén compitiendo contra usted, la animen y la respeten. El favor es lo que hace que otros se muevan a ayudarla y animarla. Sin favor, el cumplimiento de su destino puede sufrir atraso o aborto.

El tiempo del favor ha llegado

Te levantarás y tendrás misericordia de Sión; porque es tiempo de tener misericordia de ella, pues el plazo ha llegado.

—Salmo 102:13

"Para todas las cosas hay sazón, y todo lo que se quiere debajo del cielo, tiene su tiempo" (Eclesiastés 3:1). En este tiempo el Señor está derramando una unción de favor sobre la tierra. El Señor está haciendo que los corazones de los reyes de la tierra le extiendan su cetro de favor a las Ester de hoy día. El cetro representa autoridad. El favor de Dios hace que las políticas, las reglas, las regulaciones y las leyes cambien y se tornen a su favor. Esta unción de favor provocará que los oficiales impíos del gobierno le otorguen las peticiones del Reino. Este es el tiempo preciso en el que se quebrantará la opresión de muchas mujeres alrededor del mundo.

Siempre que el tiempo de reformación y liberación para el pueblo de Dios se sincroniza al reloj del cielo, Él unge con el espíritu de favor a hombres y a mujeres ordinarios. El favor de Dios trae un trato prominente y preferencial. A través del espíritu de favor, Dios la promoverá a una posición estratégica y de autoridad para que pueda cumplir los mandatos del Reino. El favor de Dios la promoverá aun cuando parezca que usted es quien menos recibirá esa promoción.

José, Daniel, Ester y Jesús no solamente fueron favorecidos; sino que también crecieron en favor a la vez que se movían de una etapa avanzada del cumplimiento de su destino hacia otra (vea 1 Samuel 2:26; Lucas 2:52). Deberíamos desear recibir tanto el espíritu de favor como crecer en él. Debemos pedir el gozo de tener favor con Dios y con los hombres.

El Señor es sol y escudo. Él otorga favor y honra, y no nos niega nada (Salmo 84:11). José caminó en rectitud delante del Señor. El favor de Dios lo protegió y lo preservó del mal. El favor le permitió sobrevivir a las falsas acusaciones que la esposa de Potifar levantó en su contra. El favor de Dios rodeó y protegió a José como un escudo (Salmo 5:12). El favor de Dios lo cubrió y lo guardó mientras se encontraba en prisión. Dios libertó su vida para que pudiera ser nombrado primer ministro y salvara a su familia y al mundo de una hambruna. Usted encontrará el favor de Dios a medida que decida hacer su voluntad. Dios también le dará favor con la gente.

El favor rodeó y protegió a Daniel mientras dormía en el foso de los leones. El favor de Dios rodeó y protegió a la reina Ester mientras se acercó sin permiso al rey. El favor hizo que Ester se posicionara triunfante sobre sus enemigos. El favor le ayudará a conquistar y triunfar sobre sus enemigos. Debido al favor divino la reina Ester frustró la conspiración malvada de matar a los judíos que se encontraban en el Imperio Persa. Ella vio colgado a Amán, el malvado consejero del rey, en la misma horca que habían preparado para matar a su primo Mardoqueo. Ester encontró favor frente al rey al igual que Mardoqueo.

Los beneficios del favor

Somos los justos de Dios, ¡y como justos, deberíamos esperar recibir el favor divino de Dios! El Salmo 5:12 nos enseña: "Porque tú, oh Jehová, bendecirás al justo; como con un escudo lo rodearás de tu favor".

Esto es lo que hará el favor de Dios por usted:

- El favor de Dios hará que sus sueños se logren aun en medio de situaciones imposibles.
- El favor provocará crecimiento sobrenatural y promoción (Génesis 39:21).
- El favor de Dios trae consigo una restauración total de lo que el enemigo le ha robado. El favor de Dios

iniciará una increíble transferencia de riquezas (Éxodo 3:21; Joel 2:23-27).

- El favor de Dios está diseñado especialmente para todo el periodo de vida del creyente, no es simplemente por un corto tiempo o en algunas situaciones (Salmo 30:5).

- El favor de Dios le asegura su victoria en cualquier situación. Los enemigos de su destino no le vencerán porque Dios está con usted (Salmo 44:3).

- El favor de Dios hará que usted establezca negocios prósperos (Salmo 90:17, NVI).

- El favor de Dios hará que las personas que intentaron detener los planes de Dios para su vida le honren (Éxodo 11:3).

- El favor de Dios hará que usted herede bendiciones generacionales, especialmente propiedades (Deuteronomio 33:23; 6:6-14).

- El favor de Dios desata una gracia para vencer en medio de situaciones que aparentan ser imposibles (Josué 11:20).

- El favor de Dios causará que el yugo de pobreza se quiebre y se desate sobre usted un pago retroactivo de riquezas (Éxodo 3:21).

- El favor de Dios la protegerá a usted y a su familia de la crisis y la destrucción (Génesis 6:7-8, NVI).

- El favor de Dios preserva la vida y hace que la presencia de Dios esté constantemente sobre usted (Job 10:12).

- El favor de Dios la promueve aun cuando parezca que usted será la última en ser promovida (1 Samuel 16:22; Ester 2:7-9).

- El favor de Dios hará que las personas le suplan los recursos que necesita para cumplir su llamado (Ester 5:8).

- El favor de Dios hace que cambien las políticas, las reglas, las normar y las leyes a favor suyo (Ester 8:5).

¿Qué detiene el favor de Dios en su vida?

A través de la Biblia vemos ejemplos que nos muestran cómo las personas no pudieron caminar en el favor de Dios por causa de su pecado, el orgullo, la rebelión en contra de la voluntad y el designio de Dios y por la desobediencia. Hoy día esto no ha cambiado. La Biblia dice que "Dios resiste a los soberbios, y da gracia a los humildes" (Santiago 4:6). Como mujeres ungidas y llamadas por Dios, no podernos darnos el lujo de funcionar fuera del favor de Dios. Debemos entender la importancia de mantener un espíritu tranquilo, apacible y sometido al espíritu. En los ojos de Dios esto permite que nos otorguen una posición de honra y favor en el Reino. Ester tenía un espíritu de humildad, sumisión y obediencia. Debido a esto ella fue favorecida por Dios y por los hombres.

Si alguna vez nos hemos sentido caer del favor de Dios, podemos ser restaurados. Podemos procurar la misericordia y el perdón de Dios al arrepentirnos de nuestros pecados. Podemos humillarnos delante de Él y recibir su favor una vez más (lea Lucas 15:11-32).

> Tu presencia supliqué de todo corazón; ten misericordia de mí según tu palabra. Consideré mis caminos, y volví mis pies a tus testimonios. Me apresuré y no me retardé en guardar tus mandamientos.
> —Salmo 119:58–60

La clave del favor

Quiero compartirles la historia de una pareja muy especial para mí. Ellos son apóstoles y profetas que han servido junto a mí en Impact Network (La Red de Impacto). Esta pareja dejó todo atrás y lo entregaron todo con el fin de ir tras la promesa de que Dios les mostraría su favor en lo próximo que Él les llamaba a hacer.

Por unos cuantos años mi esposa y yo sentimos que el Señor había puesto el deseo en nuestros corazones de mudarnos y plantar una nueva iglesia. Como hijo de pastor, la expectativa era que yo continuara pastoreando la iglesia de mi padre. Yo entendía que el Señor me estaba preparando para que fuera el sucesor de mi padre. Para mi sorpresa, Dios tenía algo distinto para mi vida. Recuerdo que estaba en la planta baja de mi casa en Milwaukee, Wisconsin, y le pregunté al Señor: "¿Hacia dónde quieres que vayamos?". Escuché la voz de Dios decirme: "¡Mira a tu alrededor!".

Levanté la vista y vi una caja encima de mi escritorio que contenía el secador de cabello de mi esposa. La caja tenía escrito lo siguiente: "Destino: Glendale, Arizona". Fue entonces cuando supe que el Señor nos estaba llamando a una región caliente y árida. Antes de que Dios nos dirigiera a este lugar, escuché su voz decir: "¿Confías en mí?". Inmediatamente contesté: "Sí, confío en ti". Entonces me preguntó nuevamente: "¿Confías en mí?". Nuevamente le contesté: "Sí, confío en ti". Me preguntó por tercera vez: "¿Confías en mí?". En esta ocasión me dije a mí mismo: "Debe ser que mi respuesta no es la correcta". Así que busqué la palabra *confiar* en la Biblia Amplificada y decía: "Confía (apoyarse en, depender de y estar seguro) en el Señor y haz el bien; y habitarás en la tierra, y te apacentarás de la verdad (Salmo 37:3).

Desde ese día en adelante el Señor comenzó a enseñarme a apoyarme en Él, depender de Él y a poner toda mi confianza en Él.

La salida

Así que comenzamos a empacar todo lo que habíamos acumulado por los pasados cuatro años en nuestra casa y el Señor me dijo: "¿Por qué estás empacando todas estas cosas?". Me dijo: "Te pregunté, '¿Confías en mí?'". Le contesté: "Sí, Señor, confío en ti". Entonces me dijo: "Pues, regala todo lo que tienes".

Ahora, debo admitir que me sentí como aquel joven rico a quien Jesús le dijo que vendiera todas sus cosas y lo diera a los pobres (Mateo 19:16-22). Comoquiera, aunque no era rico, eran mis cosas y se me hacía muy difícil regalarlas.

Así que mi esposa y yo compramos un pasaje de ida hacia Glendale, Arizona. Solo nos llevamos tres maletas: una con toda la ropa que pude acomodar, otra maleta para mi esposa y una para nuestros zapatos. Ahora, para hacer que una mujer dejara sus zapatos, tenía que estar bien seguro de que estaba escuchando la voz de Dios.

No solo estaba dejando atrás mis pertenencias, mi familia y mi trabajo, sino que también Dios me retaba a dejar atrás mi manera de pensar. Me dijo: "Antes de moverte de lugar, tengo que despojarte de todo lo que piensas que es necesario para el ministerio". Dios comenzó a trabajar conmigo como lo hizo con José el de la Biblia, quien fue despojado de su túnica de favor y honra.

Después de salir de la iglesia de mi padre y de la denominación en la que me crié, me sentí desnudo. Estas eran las cosas por las que me sentía honrado y favorecido. Sin embargo, el Señor dijo: "Voy a mostrarte mi honra y mi favor. ¿Confías en mí con toda tu vida?".

La primera tarea

Después de mudarnos a Glendale, Arizona, Dios comenzó a darme una visión y un corazón por esta ciudad. Plantamos nuestra iglesia en el centro de la ciudad de Glendale justo al frente de la alcaldía de la ciudad.

Dios comenzó a usarme para decirle a nuestra congregación que teníamos que abrirle las puertas de la ciudad al Rey de gloria. Las puertas de la ciudad simbolizan los lugares de autoridad. Es muy importante que tengan posicionadas a las personas correctas en las puertas de su ciudad. Dios nos mostró dos puertas que necesitaban abrirse a su dominio: las puertas espirituales (los líderes religiosos de la ciudad) y las puertas políticas (los funcionarios de la ciudad). Fue ahí cuando supimos que Dios tenía una agenda para nuestra ciudad. Sabíamos que Dios nos había llamado a tomar nuestra ciudad para el Reino de Dios y también sabíamos que estas dos áreas de autoridad necesitaban abrirse para lo que Dios quería hacer. Así que Dios nos dijo: "Les daré la 'llave' de favor para abrir las puertas de la política".

Nuestra primera tarea y estrategia fue adoptar nuestro vecindario. Aunque contábamos con una congregación muy pequeña, limpiamos las calles de nuestro vecindario, recogimos las hojas secas, cortamos el césped y retocamos con pinturas las direcciones inscritas en las aceras. Los líderes de la ciudad donaron todo el equipo necesario para poder limpiar. Esta estrategia hizo que ellos vieran que teníamos el deseo de trabajar por nuestra ciudad y comenzamos una relación que ha permanecido hasta el día de hoy.

Formación en la oración

La segunda puerta consistía en que los líderes oraran por toda la ciudad. Comenzamos un programa de formación en oración, "Transformar nuestra ciudad a través de la oración". Les pedimos a todos los líderes que se reunieran una vez al mes para orar específicamente por las áreas con mayor incidencia criminal en la ciudad. Asignamos a pastores y equipos de oración a estas áreas y le pedimos al comandante del departamento de la policía que nos facilitara las estadísticas de criminalidad actuales en estas áreas. Él comenzó a medir el resultado de nuestras oraciones cuando notó un descenso del 20 por ciento en las estadísticas de crimen en estas áreas durante el periodo que estuvimos orando. Como resultado, el departamento de la policía me nominó para formar parte de una junta asesora llamada Gateway Advisory Committee (Comité Asesor de Gateway).

R.O.O.T.S (R.A.Í.C.E.S en español)

Dios comenzó a inquietarme por la juventud de nuestra ciudad. Debido a un corte de presupuesto, los líderes de la ciudad se vieron forzados a cerrar todos los centros de recreación para jóvenes que había en el centro de la ciudad. Dios comenzó a darnos favor ante el consejo de la ciudad y el departamento de parques y recreación. Nos preguntaron qué haríamos con esos edificios si fueran nuestros. Comencé a escribir un plan de negocios para lo que sería R.O.O.T.S. El plan contenía los siguientes puntos:

- R - Alcanza lugares más altos*
- O - Vence lo imposible
- O - Obtén éxito
- T - Enseña nuevos modelos
- S - Apoya a nuestra próxima generación

La ciudad nos dijo que tenían que ser justos, así que solicitaron propuestas de otras organizaciones y tendríamos que competir contra otros ministerios y organizaciones que contaban con miles de personas. Nuestra iglesia no tenía ni siquiera cien personas. Entonces el Señor nos dijo: "Les he dado este edificio,

---

* (Surge de las siglas en inglés: Reaching, Overcoming, Obtaining, Teaching, Supporting.)

pero retiren su oferta". Así que retiré la oferta pues había aprendido a apoyarme en Él, depender de Él y a poner toda mi confianza en Él. La ciudad buscaba una organización que pudiera sostener los servicios públicos y que pudiera pagar renta.

Un año después los líderes principales de la ciudad se nos acercaron y nos dijeron: "Dios trabaja de maneras misteriosas. ¿Qué edificio quieren?".

La ciudad nos permitió adquirir un edificio de cinco mil doscientos pies cuadrados para R.O.O.T.S., el programa que habíamos desarrollado para la juventud. Ellos aceptaron pagar por los servicios públicos y obtuvimos las facilidades de forma gratuita. Además, nos dieron un cheque para cubrir nuestros gastos iniciales. Nos donaron todo desde la pintura, mesas de fútbol americano, hockey de aire y ping-pong, hasta televisores y equipos de juegos de video. Gracias a nuestro centro de recreación les suplimos alimento dos veces al día a sesenta y cinco niños. El alcalde de la ciudad asistió a nuestra casa abierta y aporta el cien por ciento de los gastos del centro.[2]

—Emmanuel y Belinda Allen
Breakthrough Life Church Inc.

¿Cómo este testimonio le ayuda a creer que Dios le dará su favor para cumplir lo que Él le ha llamado a hacer?

Quiero que comience a reclamar y a confesar el favor de Dios sobre su vida. Dios diseñó su vida antes de usted haber sido formado en el vientre de su madre. Su deseo es poder prosperarla para que pueda alcanzar su destino. Al igual que lo hizo con Emmanuel y Belinda, Dios la acompañará con su favor mientras la invita a navegar por aguas desconocidas. Él abrirá las puertas, caminos y vías de acceso que usted necesite para llegar a los lugares donde manifestará su gloria. ¿Cree esto conmigo? Nadie podrá detenerla o hacerle frente, si usted sigue sus dirección y se somete a sus procesos.

Declaraciones y oraciones para activar el favor de Dios en su llamado

¡Yo declaro que este es el año del favor del Señor! Este es el momento exacto para que el favor de Dios se manifieste en mi vida.

Estoy creciendo en estatura, la sabiduría va en aumento y el favor de Dios se multiplica en mi vida.

El favor de Dios abrirá puertas que ningún hombre podrá cerrar.

Recibo un trato preferencial, buena voluntad y ventaja para alcanzar el éxito en cada área de mi vida.

Que el favor de Dios me rodee como un escudo.

Que el espíritu de favor inquiete a las personas que me ayudarán a alcanzar mi destino.

Los reyes de este mundo inclinan su cetro de favor hacia mí y cuento con todo los recursos financieros necesarios para cumplir el propósito de Dios.

Los líderes y los jefes de gobierno muestran bondad hacia mí. Sus corazones están abiertos a escuchar y concederme lo que les pida.

Recibo la vida y el favor del Dios Altísimo.

Confesiones basadas en las Escrituras
para desatar el favor de Dios

No hay mejor manera de expresar nuestra fe en Dios que declarar con nuestra boca lo que dice su Palabra. Estas confesiones basadas en la Escritura son un ejemplo de cómo podemos confesar el favor de Dios sobre nuestras vidas:

- Como con un escudo Dios me rodea y me protege con su favor (Salmo 5:12).
- El Señor es sol y escudo. Él da gracia y favor y no me niega ningún bien (Salmo 84:11).
- Diligentemente busco y vivo por la sabiduría de Dios. Por lo tanto, soy altamente favorecida y estimada a los ojos de Dios y de los hombres (Proverbios 3:1-4; 8:33-35).
- El favor de Dios me promueve y hace que crezca diariamente (Ester 2:17; Salmo 75:6-7).
- Mis enemigos no podrán vencerme porque Dios me ha favorecido (Salmo 41:11).

※

Señor, oro por un tiempo de favor. Dios, por tu amor abundante y fiel, respóndeme con tu misericordia. Señor, dame el favor que necesito para enfrentar cualquier situación que intente limitar mi propósito o detener mi avance. Señor, que todo designio perverso se deshaga, mas por tu bondad yo recibo tu favor. Señor, te agradezco por el favor que me darás para cumplir con mi llamado aquí en la tierra. Conéctame con personas claves que desatarán y apresurarán tu propósito en mi vida. Señor, que mi vida porte la fragancia del favor. Señor, eres mi sol y mi escudo; me darás favor y gracia. No me negarás ningún bien. Señor, te pido que me otorgues crecimiento y promoción de manera sobrenatural. Que tu presencia y tu cuidado me preserven y me protejan. En el nombre de Jesús, te lo pido. Amén.

Capítulo 3

El PODER de SU PERFUME

Y cuando llegaba el tiempo de cada una de las doncellas para venir al rey Asuero, después de haber estado doce meses conforme a la ley acerca de las mujeres, pues así se cumplía el tiempo de sus atavíos, esto es, seis meses con óleo de mirra y seis meses con perfumes aromáticos y afeites de mujeres.

—Ester 2:12

LA TRAVESÍA DE Ester para lograr éxito y grandeza no se dio de la noche a la mañana. Ella no llegó un día al palacio y el otro día el rey la vio, se enamoró de ella y la convirtió en reina. No. Ella tuvo que someterse al proceso de embellecimiento que ordenaba la cultura persa. Todas las jovencitas del harén tenían que pasar por este proceso aunque simplemente fueran a acercarse al rey. Estos tratamientos especiales de belleza consistían de seis meses con aceite de mirra y seis meses con especias aromáticas y ungüentos. Este proceso al cual Ester tuvo que someterse tiene muchos principios espirituales que nos ayudarán a entender el proceso por el cual tenemos que pasar mientras Dios nos prepara para alcanzar nuestro destino y propósito.

El perfeccionamiento de nuestro carácter es sumamente esencial para el cumplimiento del plan de Dios. Dios no puede usar a una mujer (u hombre) con orgullo. Cuando nos sometemos a un proceso de preparación, nuestro corazón y nuestro espíritu se depuran y quedan libres de impurezas tales como el orgullo, la rebelión, el egoísmo y la amargura. Como resultado el Señor nos moldeará con sus manos y nos dirigirá a cumplir su propósito. No podremos ser un vaso útil en las manos del Señor si tenemos una carga pesada que nos imposibilita escuchar y obedecer su voz.

Tratamientos de belleza: El cambio de imagen de Ester

Podemos ver en la Biblia que el proceso de embellecimiento de Ester se dividió en dos pasos. El primer paso fue muy específico, duró seis meses y solo requería el uso del aceite de mirra. Los seis meses siguientes no están muy claros. Solamente nos dice que cada jovencita pasaba por un tratamiento de belleza que consistía de "perfumes aromáticos y afeites de mujeres". No nos da una lista de qué contenían esos tratamientos o ingredientes. Creo que Dios nos permite verlo así por una razón específica. Voy a desglosar estos dos procesos desde el punto de vista natural, paso por paso, y luego le mostraré el significado espiritual detrás de todo el proceso que tuvo que pasar Ester.

Etapa 1: Seis meses con aceite de mirra

La versión de la Biblia Reina Valera utiliza la palabra *mirra* para hacer referencia a distintas plantas. Una de estas plantas era un pequeño arbusto frondoso con hojas trifoliadas, que dan unos frutos parecidas a la ciruela y producen una resina aromática que tenía muchos usos. Cuando la mirra salía de la corteza del arbusto, parecía una goma resinosa que fluía de la planta sin ningún tipo de ayuda externa que estimulara su fluidez. Esta salía del arbusto en forma de lágrima. El color de la mirra varía desde un color amarillo rojizo pálido hasta un color marrón o rojo.

El aceite de mirra tiene muchas propiedades curativas naturales, al igual que connotaciones espirituales. Comenzando con las propiedades curativas, la mirra tiene los siguientes beneficios:

• Reduce la inflamación
• Estimula el sistema inmunológico
• Agiliza el proceso de recuperación de una enfermedad
• Elimina las enfermedades del sistema respiratorio: congestión nasal, gripes y tos
• Mejora la artritis
• Reduce los gases estomacales y la acidez
• Ataca las infecciones por hongos como el pie de atleta y la tiña
• Disminuye los síntomas menstruales
• Promueve la higiene oral
• Cura úlceras, la gingivitis y el mal aliento[1]

La palabra mirra viene del hebreo *mara* que significa "amargura". El proceso de sumergirse en mirra era amargo. La mirra es un ungüento único ya no se utiliza simplemente para purificar, sino que también se utiliza como preservativo y como líquido para embalsamar. La mirra se utilizaba en la producción de perfumes para preservar la fragancia. Utilizado como preservativo, evitaba la descomposición.

Si no permanecemos firmes durante el proceso de la mirra, nuestra fragancia expedirá un olor nauseabundo. Uno de los olores nauseabundos que las mujeres deben permitir que la mirra depure es la amargura. Con esto no quiero decir que todas las mujeres tengan amargura, pero creo que es el ataque del enemigo que recibimos con mayor frecuencia. Hebreos 12:15 dice:

"Mirad bien, no sea que alguno deje de alcanzar la gracia de Dios; que brotando alguna raíz de amargura, os estorbe, y por ella muchos sean contaminados".

La amargura es venganza que no se llevó a cabo. Los frutos de la amargura son la falta de perdón que tiene como resultado el resentimiento. El resentimiento siempre quiere contraatacar. En este mundo las mujeres han sufrido crueldad, dificultades y brutalidad en manos de seres humanos desconsiderados. Nuestra única esperanza está en la cruz. Debemos perdonar y liberar a cada una de las personas que nos ha ofendido. El Señor promete que la venganza es suya y que Él pagará (Romanos 12:19). Toda mujer tiene el derecho de permanecer en amargura o decidir ser libre y permitirle a Dios que lo resuelva.

Cuando la raíz de amargura crece, no solo destruye la paz interior, sino que también causa enfermedad física. La amargura contamina todo lo que está a su alcance, comienza con la persona que está amargada y se extiende a todos los que están a su alrededor. Aún más, el que está en amargura se convierte en esclavo de la persona a quien dirige su resentimiento.

Moisés nos da una imagen profética de cómo debemos responder ante cada situación de amargura en nuestras vidas. Los israelitas estuvieron sin agua por tres días. Cuando finalmente encontraron agua, "no pudieron beber las aguas de Mara, porque eran amargas; por eso le pusieron el nombre de Mara" (Éxodo 15:22-23). Comoquiera el Señor le mostró a Moisés un árbol y "lo echó en las aguas, y las aguas se endulzaron" (Éxodo 15:25). El árbol que se echó en las aguas amargas es una imagen de la cruz de Cristo. Cuando incluimos la cruz en nuestras experiencias de amargura, esta torna lo amargo en dulce.

Mientras Ester les permitía a los encargados del harén que la transformaran y la prepararan para encontrarse con el rey, podemos imaginarnos que su meta era despojarla de cualquier apariencia común y corriente. Ellos querían purificarla de su pasado amargo. Creo que querían infundir en ella el aroma y el aire de realeza. Ellos reunieron a estas jovencitas desde todas las partes del reino. En la Biblia no dice que tenían que venir de un trasfondo de realeza. Me imagino que aunque eran físicamente hermosas, muchas de ellas provenían de familias comunes y probablemente no sabían cómo se conducían las mujeres en el palacio real. Por lo tanto, tenían que purificarse de su antigua vida como campesinas y tenían que dejarse infundir con el aroma de su nuevo destino como residentes reales en el palacio del rey.

Mientras comparamos los beneficios saludables y la forma en la que probablemente los antiguos persas utilizaban el aceite de la mirra, podemos ver cómo el Espíritu Santo nos purifica y nos prepara para el servicio real. A medida que el Espíritu Santo trabaja en nosotros, vemos cómo se debilita nuestra naturaleza pecaminosa, significado simbólico de sumergirnos en mirra.

Él purificara nuestra vida del pasado y hará que muera todo aquello que no se alinee a nuestro destino real.

En tiempos antiguos la mirra se utilizaba para ablandar la piel seca y quebradiza, y también para restaurar su flexibilidad. Como podemos ver, el Espíritu Santo es quien nos ablanda. El aceite ungido del Espíritu Santo es un tratamiento de belleza para nuestro corazón.

Etapa 2: Seis meses con perfumes aromáticos y afeites de mujeres

Los estudiosos pudieron entender con mayor claridad el tratamiento de belleza antiguo llamado "seis meses con perfumes" luego del descubrimiento arqueológico de unos incensarios cosméticos que datan de este periodo (Ester 2:12). Durante el periodo persa, y aun entre algunas tribus árabes de este tiempo, las mujeres construían un pequeño horno de carbón en el suelo. Algunos aceites aromáticos como el sándalo, los clavos de olor, la mirra o la rosa, se ponían en este incensario cosmético y calentaban en el fuego. Las mujeres se agachaban sin ropa por encima del quemador, con su túnica sobre su cabeza y su cuerpo formando una especie de tienda. Mientras ella aspiraba, sus poros abiertos absorbían la fragancia del aceite. Ya cuando el fuego se apagaba, su piel y su ropa estaban totalmente perfumadas. Los aceites aromáticos y las especias son el producto de mayor importación de la cultura persa.[2]

En el mundo antiguo poco higiénico y cargado de olores, los perfumes eran muy costosos. La confección de perfumes, que incluía la preparación de cosméticos y de ungüentos medicinales, era una profesión antigua y noble (Éxodo 30:25; 1 Samuel 8:13; Nehemías 3:8). La Biblia menciona algunos ingredientes con los que se confeccionaban los perfumes, estos son: sábila, bedelio, cálamo, casia, canela, incienso, mirra, nardo, uña aromática y azafrán. Los perfumes venían en forma de polvos, líquidos, inciensos o en ungüentos. Los saquitos con especias aromáticas se utilizaban debajo de la ropa (Cantar de los cantares 1:13), los líquidos y los ungüentos se guardaban en frascos y en vasijas (Marcos 14:3, Lucas 7:37). Los aceites aromáticos se utilizaban para lo siguiente:

1. Para suavizar la piel y para ocultar olores desagradables (Rut 3:3; Salmo 45:8; Ezequiel 16:9; Lucas 7:38)
2. Para provocar que se tuvieran relaciones íntimas (Ester 2:12; Proverbios 7:17)
3. Al verterse sobre los pies y la cabeza de los invitados a un banquete era un símbolo de honra y hospitalidad (Lucas 7:46)

Si usted lee nuevamente Ester 2:12, se dará cuenta de que cuando la Biblia describe la segunda etapa del tratamiento de belleza al que se les sometía, no se menciona específicamente las especias, los aceites o las hierbas que se utilizaron para perfumarlas. Me parece que esto se debe a que se le preparaba un perfume único a cada jovencita. El cuerpo de cada joven tenía una química distinta. Cada jovencita tenía un trasfondo distinto. Cada jovencita tenía una esencia única que era complementada y perfeccionada por la mezcla perfecta que creaban los boticarios persas.

Aun hoy día los perfumes se preparan con una combinación de muchos ingredientes, pero el proceso de fusionar las esencias con nuestros cuerpos naturales no es tan complicado como lo era en el tiempo de Ester. Sin embargo, creo que este proceso aún representa el tiempo invertido, la delicadeza y el trabajo único que el Espíritu Santo lleva a cabo en nuestras vidas con el fin de que nuestro olor sea agradable a Dios.

Al igual que la forma en que llevaron a muchas de estas jovencitas al palacio del rey, nuestro trasfondo es la base de inicio de Dios. Quizás usted era una flor silvestre. Quizás usted era una rosa muy cuidada. Sin importar cuál fue su antecedente, Dios quiere tomar un poco de su esencia para combinarla con el aceite del Espíritu Santo e impregnar el ambiente donde usted se encuentre.

Cada persona tiene una fragancia única. Dios está convirtiendo a las mujeres en fragancia. Todas las experiencias de su vida—lo bueno, lo malo y lo horrible—se mezclan en la proporción correcta y producen una fragancia única. Sus experiencias personales, la Palabra de Dios que usted ha estudiado y ha hecho parte esencial de su vida, los encuentros que ha tenido con Dios, los obstáculos que ha tenido que enfrentar, todo esto se une y produce una fragancia. El perfume es el equivalente a la vida que usted ha vivido. La naturaleza de Dios es redentora y todo lo que usted haya experimentado a través de su vida culminará dándole la gloria a Dios.

La fragancia de una mujer virtuosa

El ungüento y el perfume alegran el corazón, y el cordial consejo del amigo, al hombre.

—Proverbios 27:9

Dios creó a la mujer para que manifestara quién es Él desde el punto de vista femenino. Somos únicas. Dios nos diseñó para que respondiéramos a ciertas situaciones de la forma en la que Él lo haría. La manera en que respondamos a las situaciones moldeará nuestro carácter. No maldiga cuando otros la maldigan. En una guerra de fango ambas personas saldrán sucias. Dios quiere que permanezcamos en nuestra naturaleza femenina. Ester se encontraba en una situación que podía sacarla de control, pero ella respondió con gracia y sabiduría.

El Cuerpo de Cristo no estará completo hasta que la fragancia de una feminidad real y virtuosa se disperse por todas partes. En Proverbios 27:9 se comparan el perfume y el ungüento con el cordial consejo del amigo. El consejo nos muestra un plan; ese plan nos muestra un propósito.

Las congregaciones necesitan el consejo y la sabiduría desde el punto de vista de una mujer. Se necesita el consejo sabio que proviene de la naturaleza femenina. Las mujeres que pueden dar un consejo sabio añaden valor a la congregación. Las mujeres han sido diseñadas para ayudar a los demás a verse como Dios los ve. El perfume tiene que ver con la influencia. Su respuesta ante las situaciones que enfrente será la fragancia que llenará el lugar donde se encuentre. Al observar la actitud de Ester y la manera como reaccionó ante su situación, se dará cuenta de que su respuesta tenía una fragancia prudente, sabia y discreta.

Los envases de perfume vienen en distintas formas y diseños creativos. Esto representa la apariencia externa de cada mujer. Sin embargo, todos sabemos que podemos tener un frasco hermoso que contenga un perfume maloliente. ¿Alguna vez ha comprado un perfume muy caro y al llegar a su casa se da cuenta que el perfume no mezcla con la química de su cuerpo y el resultado es un olor es terrible? Así es como la raíz de amargura contamina la fragancia de una mujer. Su actitud y su respuesta ante las situaciones producen un olor desagradable que contamina a los demás.

El sufrimiento no hace que la persona se torne automáticamente en alguien más fuerte o en alguien mejor. La forma en que usted responda al sufrimiento determinará si la herida lo convertirá en una mejor persona o en alguien amargado.

La fragancia del amor

Dios quiere eliminar del corazón de las mujeres el enojo, la amargura, el odio a los hombres y la falta de perdón. De la única forma que seremos mejores personas y no mujeres amargadas es si damos amor y perdón a los demás. Sin embargo, si no decide reaccionar con amor y perdón, si retiene en su espíritu lo que le debe su ofensor, esa ofensa le robará la capacidad de amar. La amargura puede tener un efecto que perdure por mucho tiempo, puede autodestruirla y extenderse a otros. Una mujer amargada debe primeramente tornar su mirada a Cristo (Romanos 5:8-10). Una vez haya aceptado el perdón de Dios, entonces no solo tendrá la capacidad de perdonar sino que Dios le demandará que perdone a otros (Mateo 6:15). Una forma práctica de hacer esto es reemplazando la amargura por el amor (1 Corintios 13:4-7; Gálatas 5:22), especialmente mostrándole amor a los que la han ofendido. La memoria de cómo usted responde a las situaciones de la vida será el ingrediente que otras personas utilizarán cuando les toque confeccionar su propio perfume. Siempre habrá personas que la observen, especialmente las jovencitas que olfatearán la fragancia que usted destile.

Una belleza incalculable

Vuestro atavío no sea el externo de peinados ostentosos, de adornos de oro o de vestidos lujosos, sino el interno, el del corazón, en el incorruptible ornato de un espíritu afable y apacible, que es de grande estima delante de Dios.

—1 Pedro 3:3–4

Pedro nos muestra un tipo de belleza incalculable y auténtica que bebe anhelarse más que la belleza que prometen las revistas de moda. Su belleza no debe provenir exclusivamente de adornos externos, tales como peinados, joyas de oro y vestimenta fina. Por el contrario, debería venir de su carácter interno, de su personalidad y de la belleza constante de un espíritu apacible que agrada a Dios.

Ester era una jovencita hermosa, pero su belleza iba más allá de su apariencia física. Tosas las muchachas eran atractivas, así que no fue solo por la belleza física que Ester se ganó el afecto del rey. Su verdadera belleza era el resultado de la hermosura constante que surgía de su belleza interior. Esa belleza no descansa en los esfuerzos externos; está totalmente arraigada a la fe y la confianza en Dios. No importa cuántas cirugías plásticas haya pagado, nunca podrá pagar por esta belleza, su valor es incalculable. Es una belleza que se cultiva a medida que nuestros corazones responden diligentemente a la voluntad de Dios para nuestras vidas.

Al prestarle atención al nombre judío y el nombre persa de Ester, creo que podemos entender la naturaleza de su belleza. A través de toda la Biblia los nombres tienen importancia. Los nombres se conectan a la naturaleza y el carácter de una persona. Hadasa, el nombre judío de Ester, significaba "mirto". El mirto es un árbol aromático que precisamente se utiliza para hacer algunas clases de perfumes. Es conocido por su aroma y por su belleza. Ester era mucho más que un rostro hermoso. Su personalidad irradiaba la fragancia de su humildad y elegancia. El aroma de su personalidad provocaba que todos quedaran empapados de su fragancia. Ester mostraba un encanto que le permitía alcanzar el favor de todos los que entraban en contacto con ella.

Ester, el nombre persa que le dieron a Hadasa, significa "estrella". Una estrella es un punto fijo luminoso en el cielo nocturno. El Señor estaba posicionando y preparando a Ester para ser transformada en la naturaleza de una estrella. Ella se convertiría en un faro de esperanza para el momento de oscuridad que vivía su pueblo. La característica de una estrella es dar luz, servir de guía y dirigir. Otro significado para el nombre Ester es "oculta y escondida". Ester demostraba sabiduría, prudencia y sumisión a la autoridad al mantener su nacionalidad en secreto.

Un espíritu dulce y apacible, perdonador, amable, sabio, profundo, discernidor, humilde, elegante, amoroso y delicado son los elementos que juntos componen la hermosa fragancia que emana de una mujer virtuosa. Ester personifica estos atributos en su liderazgo y a la hora de tomar decisiones. A través de sus experiencias podemos encontrar una guía para saber cómo demostrar el lado femenino del carácter de Dios. La historia de Ester nos da el patrón de la forma en que una mujer puede involucrarse en el Reino, mayormente dominado por los hombres. Los elementos del espíritu femenino son complementarios y significativos en la expansión del Reino de Dios.

La dulce fragancia que Ester emitía hizo que el rey no solamente la aceptara, sino que también la favoreciera y la hiciera su esposa. Su influencia se extendió por muchos años hacia los judíos y también hacia los persas. Ester le permitió al aceite del Espíritu Santo que la embelleciera y la purificara, como resultado su legado quedó grabado tanto en la historia judía como en la persa.

De acuerdo a los comentarios bíblicos, si no hubiera sido por la influencia de Ester, Nehemías no hubiese podido reconstruir el templo de Jerusalén.[3]

> Entonces el rey me dijo (y la reina estaba sentada junto a él): ¿Cuánto durará tu viaje, y cuándo volverás? Y agradó al rey enviarme, después que yo le señalé tiempo.
> —Nehemías 2:6

"y la reina estaba sentada junto a él"—Como los monarcas persas no les permitían a sus esposas estar presente en las fiestas del Estado, esta debe haberse dado en privado. La reina a la que se refieren fue probablemente Ester, cuya presencia debe haber provocado que Nehemías actuara con valentía al plantear su petición; y a través de su influencia, ejercida con autoridad, se supone, que también por simpatizar con el diseño patriótico, se le otorgó su petición de regresar como gobernante diputado de Judea, regresó acompañado por una guardia militar e investido con toda la autoridad de adquirir los materiales para el edificio en Jerusalén, al igual que el requisito de ayudar y promocionar su aventura.[4]

Al igual que Ester, nosotras también podemos ser una influencia de gran alcance y un legado que trasciende culturas y generaciones. Debemos someterle nuestro tratamiento de belleza y el proceso de purificación al Espíritu Santo. Su purificación sacará de nosotros todo lo que nos impida llegar a ser las mujeres que Dios nos ha llamado a ser y nos llenará de la fragancia del carácter de Dios. A la vez que comencemos a mostrar genuinamente los atributos de una mujer virtuosa, recibiremos el favor para realizar nuestro llamado. El cetro se inclinará a nuestro favor en cada lugar que pise la planta de nuestros pies.

Oración para activar el tratamiento de belleza del Espíritu Santo

Señor, tu Palabra dice que todo lo haces hermoso a su tiempo. Someto mi vida y mi destino al tiempo que has determinado. Rindo a ti toda ambición y todo esfuerzo. Te pido que me des la gracia necesaria para soportar este proceso de purificación. Entiendo que la carrera no es para los que son rápidos o fuertes, sino para los que persisten hasta el final.

Elijo someterme al trabajo interno que el Espíritu Santo hará en mí. Señor, remueve todo lo que esté en mi corazón que pueda detener mi destino. No despreciarás un corazón contrito y humillado. Límpiame de mi orgullo, arrogancia y temor. Permite que el amor y la bondad fluyan de mi corazón. El mundo puede tener muchas definiciones de lo que es la belleza, pero, Señor, yo quiero irradiar la auténtica belleza del Reino. La gracia puede ser engañosa y la belleza puede ser vana, pero una mujer que teme al Señor será alabada. Soy una mujer que teme al Señor. Desarrollaré características de bondad y humildad.

Señor, saca de mi conducta y de mis valores la mezcla de las experiencias negativas que he vivido. Decido ser mejor persona y no estar amargada. Que el fuego del Espíritu Santo arranque de mí la amargura, el enojo, la frustración y la decepción.

Me someto a la unción de la mirra. Permite que el aceite de la mirra limpie cada arruga y cada mancha de mi carácter. Mi fragancia es dulce y me conserva en medio del mundo dañado y en deterioro que me rodea. Le daré una fragancia de gozo, amor y esperanza a un mundo que muere.

Gracias, Dios, por ser fiel en completar tu obra en mi vida. En el nombre de Jesús. Amén.

Capítulo 4

UN DESPERTAR A SU DESTINO

"El más alto destino del individuo está en servir antes que gobernar".[1]

—Albert Einstein

"Y SI PEREZCO, que perezca" (Ester 4:16). Qué declaración tan determinada y valiente. Esta declaración de Ester refleja un despertar interno a su propósito y destino. Ella dijo estas palabras después que su primo Mardoqueo le pidió que fuera ante la presencia del rey y le pidiera que salvara a los judíos. Mardoqueo se enteró de un plan que tenía Amán, uno de los oficiales más importantes del reino para aquel entonces, de exterminar a todos los judíos que vivían en el reino pues no se conducían de acuerdo a lo establecido por el rey Asuero. Como el hombre sabio que era, Mardoqueo fue más allá y señaló que todas las circunstancias que habían llevado a Ester al trono persa debían haber sido exclusivamente para que ella intercediera por los judíos ante el rey:

Entonces dijo Mardoqueo que respondiesen a Ester:
No pienses que escaparás en la casa del rey más que
cualquier otro judío. Porque si callas absolutamente
en este tiempo, respiro y liberación vendrá de alguna
otra parte para los judíos; mas tú y la casa de tu padre
pereceréis. ¿Y quién sabe si para esta hora has llegado
al reino?

—Ester 4:13-14

En muchas ocasiones he enseñado que no podemos decidir
cuál será nuestro destino; en el transcurso de la vida lo des-
cubriremos. Cuando el destino toca a la puerta, generalmente
no lo reconocemos, porque no es glamoroso, involucra muerte al yo y siempre involucra a otra gente además de nosotros.

El momento de la verdad llegó para Ester. Ella tenía que
tomar una decisión clara que cambiaría su vida. ¿Continuaría
viviendo en la ambigüedad de las ideas políticas de dos pue-
blos distintos o asumiría su responsabilidad y tomaría la decisión de actuar en favor de su pueblo?

Tiene que entender que para Ester esto no era tarea fácil. Su
vida no estaba tomando esta dirección. Ella era simplemente
una jovencita huérfana que vivía con su primo Mardoqueo
en un pueblo pequeño, escuchó que el rey estaba en búsqueda
de una nueva esposa y ella estaba obligada a ser una de las
candidatas. A Ester la removieron de su casa, la obligaron a
vivir en el palacio, se tuvo que someter a un tratamiento de
belleza que duró doce meses y pasó una noche con el rey para
ver si a él le gustaría lo suficiente como para convertirla en su
esposa. Gracias al favor de Dios, ella complació al rey y él la
eligió como esposa. Resumo la historia porque tenemos que
adentrarnos un poco en la mente de Ester para entender la
situación desde su punto de vista. Ella era prácticamente una
jovencita protegida que ahora tenía el futuro de su pueblo
sobre sus hombros.

En el momento que Mardoqueo le pidió a Ester que fuera
ante el rey y le pidiera que salvara a su pueblo, se le conoció

como Ester, la reina de Persia. Ella había mantenido oculta su identidad judía. Su nombre de pila no era Ester; era Hadasa. Si se descubría el secreto, literalmente podía costarle la vida. Ester vivía en medio de una sociedad pagana, obedeciendo las leyes y las reglas que gobernaban la cultura, además las circunstancias parecían controlar su vida. Ella vivía a favor de la corriente, no ocasionaba disturbios ni tomaba la iniciativa. Entonces este hombre perverso proclamó un decreto.

El decreto que le daba una sentencia de muerte a todos los judíos fue lo que le dio un giro inesperado a la vida de Ester. ¿Se acobardaría y decidiría continuar como una víctima de las circunstancias o permanecería fiel a ella y a su pueblo al ejercitar audacia y valentía para convertirse en un instrumento de liberación en las manos de Dios?

La decisión que Ester tomaría en este punto sería el momento decisivo de su vida. Un momento decisivo es un suceso que representa o determina todos los eventos relacionados que ocurrirán después.

En ese momento decisivo de la vida de Ester se reveló o se identificó la esencia de su naturaleza y su verdadero carácter. Ella tenía que tomar la decisión de revelar sus raíces judías, que hasta ese momento había logrado esconder, o dar un paso hacia el frente y apoderarse de quien realmente ella era.

¿Realmente Dios podía usarla? Ella no vivía como judía. No vivía según las costumbres y el estilo de vida de los judíos. Pienso que debe haberse sentido tan insuficiente. La decisión que estaba a punto de tomar definiría su futuro y determinaría el destino de su pueblo. Después de escuchar el reto que le hizo Mardoqueo en Ester 4:13-14 fue que Ester decidió responder a los deseos de Mardoqueo: ve ante el rey sin anunciarlo, lo cual iba en contra de la ley, y pídele por la vida de tu gente.

Definitivamente este era el momento decisivo en la vida de Ester, era una decisión sumamente importante. Era un acto voluntario. Nadie la forzó. Ella analizó la situación, evaluó todo lo que había aprendido, todo el entrenamiento, el tratamiento y el favor que se le había otorgado. Y cuando recibió el reto por parte de su mentor Mardoqueo, declaró con valentía: "Iré".

¿Qué puede haber provocado a una judía huérfana, a una joven insignificante, dar su vida por otros? Creo que dentro de ella hubo un despertar al llamado de Dios. Solo un la voz motiva a una persona a decir: "Y si perezco, que perezca". Ester no tenía por qué sacrificarse. Ahora ella era reina; tenía muchos privilegios y comodidades. ¿Por qué renunciar a todo? Ester se sintió obligada a arriesgar su vida. Este impulso divino surgió al saber que la providencia de Dios la había posicionado como reina para salvar a su pueblo de una destrucción total.

Momentos que definirán su destino

Ester 4:16 nos revela la encrucijada a la que nos tenderemos que enfrentar. ¿Ester respondería al llamado de realizar un acto histórico significativo? En este momento Ester tuvo que decidir si llevaría a cabo el propósito de Dios o si la paralizaría el temor? La decisión que ella tomara no solo la afectaría a ella, sino que también afectaría la vida de muchos.

En muchas ocasiones lo que escogemos hacer es lo que le da forma a nuestro destino.

Tal y como sucedió con Ester, su momento decisivo expondrá quién verdaderamente es usted. Se sentirá inspirada a lograr algo más grande que usted misma. Usted pensará en todos los eventos de su vida que la condujeron a ese momento decisivo. Al igual que Ester, llegará a un momento decisivo que le permitirá descubrir su identidad. Saque el tiempo y préstele atención a esos "pequeños" detalles de su vida. Si presta mucha atención, encontrará ese momento decisivo, ese momento distintivo de su vida en el que entendió cuán increíble y maravillosa usted realmente es y cuán importante es en este mundo. Tendrá la capacidad de identificar cómo las decisiones que tome pueden tener un gran efecto en la vida de muchas personas.

Dios está despertando a muchas mujeres a un propósito mayor que ellas mismas. Él nos llama a salir de una existencia mundana a un lugar de importancia y cumplimiento. Muchas mujeres del Cuerpo de Cristo han caído presas de la tradición y el prejuicio cultural por género. Ester tuvo que vencer muchos obstáculos para poder abrazar y responder al llamado de Dios en su vida.

Tener un despertar significa que usted acumula sus habilidades. Usted se ha levantado de un lugar de oscuridad, indiferencia e inactividad. También quiere decir que usted se levanta para tomar acción y adoptar la postura de tomar acción, de producir y de levantarse de las ruinas. El otro concepto general de tener un despertar captura la noción de levantarse uno mismo o de que otra persona la levante para tomar acción, como sucedió en el llamado de Dios para Ester. A este llamado de tomar acción generalmente lo acompaña una urgencia y una fuerza mayor. También sugiere levantarse de la pasividad o de la indiferencia.

La señal de un despertar es un movimiento que se inicia en el corazón con el fin de llevar a cabo una tarea especial. Entonces comienzan a surgirle algunos interrogantes: "¿Para qué nací?", "¿Existe algo más allá de lo que estoy experimentando en mi vida cristiana?", "¿Dios podrá usarme para hacer la diferencia?". Aquí hay algunas señales de que usted realmente ha experimentado un despertar:

- Escucha continuamente la voz de Dios.
- Tiene una sensación divina de urgencia y compasión por una situación específica.
- Tiene un lamento, esto es, que usted tiene una sensación de lamento o dolor por lo que se debe o se tiene que hacer. Ese deseo le hará poner su vida en peligro para resolver la situación.

- Siente una carga de parte del Señor, esto es cuando una carga espiritual pesada viene sobre usted para llevarla a todo el mundo hasta que finalmente se realice.
- Tiene un cambio de prioridades. Su vida ya no gira en torno a su autoprotección o sobrevivencia, sino en cumplir el propósito de Dios.

Cuando Ester tuvo un despertar, se lamentó por el futuro de su pueblo. Ella sabía que si se paraba en la brecha y actuaba en favor de ellos, podían matarla. Sin embargo, esta realidad no le impidió perseguir la justicia para su gente. Podría parecer que al tener el título de reina, simplemente podía dar un paso hacia el frente y rescribir el edicto que se había declarado en contra de los judíos. Aún así, no fue hasta que ella aceptó su destino que pudo manifestar su autoridad como reina. Y fue entonces que se refirieron a ella como la reina Ester.

Sus decisiones le darán forma a su destino

A los cielos y a la tierra llamo por testigos hoy contra vosotros, que os he puesto delante la vida y la muerte, la bendición y la maldición; escoge, pues, la vida, para que vivas tú y tu descendencia.

—Deuteronomio 30:19

Como mencioné anteriormente, Ester tuvo que enfrentarse a la decisión de salir de su zona de comodidad y ejercer su autoridad como reina para salvar a su pueblo o permanecer de brazos cruzados y verlos perecer. Ella se encontró en esta encrucijada cuando Mardoqueo le reveló el plan maligno que Amán había diseñado. Ella tuvo que tomar una decisión de vida o muerte para lograr rescatar a su pueblo, sin importar cuánto le costaría. Al día de hoy, conocemos a Ester como una heroína, una mujer de gran valentía y firmeza, una mujer de influencia. La forma en que la recordarán tendrá mucho que ver con la decisiones correctas que tome cuando se encuentre ante situaciones sumamente difíciles.

Lo que elija para su vida jugará un papel muy importante a la hora de alcanzar su destino. El tomar una decisión es un acto de elegir o de tomar una decisión cuando nos encontramos frente dos o más posibilidades. Es el poder, el derecho o la libertad de elegir. Lo que elegimos es una opción. Una decisión es la elección que usted tomó después de haber pensado. Una decisión es una determinación a la que se llega después de un proceso de análisis. Es una conclusión o una resolución que se adquiere como resultado de una reflexión. La realidad es que su destino toma forma en los momentos de toma de decisiones. Lo que usted elija marcará la diferencia en su vida. Si usted diariamente toma decisiones simples de manera correcta, logrará obtener grandes éxitos.

El Señor le otorga al ser humano un hermoso regalo cuando elije correctamente. Cuando usted está por tomar una decisión, siempre debe comenzar el proceso con el corazón y la mente de Dios. Usted debe tomar decisiones partiendo desde lo que es correcto y lo que se sincronice con los principios del Reino, no con lo que es meramente aceptable. Hablaremos más de esto en otro capítulo, pero esta es la razón por la cual Ester, sus sirvientas y los judíos oraron y ayunaron por tres días. Ella necesitaba conocer el corazón y la mente de Dios para alinearse a su voluntad y alcanzar su destino. ¿Qué más necesitaba saber? ¿Qué más usted necesita saber?

Durante su tiempo a solas con Dios, ¿qué Dios le ha llamado a hacer? ¿Le ha pedido que enfrente alguna situación? ¿Dios le ha dado unción para resolver algún problema? ¿Cuál?

Es necesario tomar en consideración nuestros valores cuando vamos a elegir, porque los valores juegan un papel sumamente importante en este proceso. Para elegir correctamente, nuestros valores tienen que alinearse con los valores de Dios. Nuestros valores son los que nos ayudan a determinar cómo pesamos las consecuencias de elegir una opción o la otra. Creemos tanto en nuestro valores, que estos terminan dirigiendo el curso de nuestras vidas. Necesitamos sabiduría, integridad y voluntad para elegir correctamente.

Ester eligió tomar la vía menos transitada y el resultado de esto fue significativo. Dios nos ha otorgado la hermosa capacidad de elegir la opción correcta y de que logremos ser parte de lo que Él está haciendo a nuestro alrededor. Tenemos que diseñar una estructura para elegir correctamente, entonces Dios vendrá y soplará su aliento de vida sobre nuestras decisiones. Somos el producto de todo lo que hemos elegido durante el transcurso de nuestra vida. Tenemos que hacernos responsables de nuestras propias decisiones en vez de permitirles a las circunstancias y a las demás personas que moldeen nuestras vidas. Adopte medidas para crecer personalmente, lo cual es, la mayor parte del tiempo, la mejor decisión, pero la más difícil y, lamentablemente, muy pocas personas están dispuestas a pagar el precio para lograrlo.

Para una hora como esta

Mardoqueo retó a Ester a despertar a su proceso de asimilar la cultura persa y que recordara cuál era su verdadera identidad. Esta declaración sugiere que Mardoqueo estaba consciente de que Dios estaba cumpliendo su propósito: "¿Y quién sabe si para esta hora has llegado al reino?", le preguntó su primo (Ester 4:13). ¿Quién sabe? Mardoqueo no estaba seguro, pero proponía la idea de que el giro extraordinario que daría la vida de Ester —haberse convertido en la reina de Persia— no sería por accidente. Dios la había posicionado en un lugar estratégico, en el tiempo exacto para cumplir su propósito. ¿El propósito de quién? Mardoqueo no lo dice, pero el hecho de que él y Ester eran judíos hace claro que el Señor estaba detrás de toda la situación.

Al igual que Mardoqueo y Ester, usted debe pasar por situaciones en las que entenderá muy poco o nada. Aunque la Biblia permaneciera o no permaneciera en silencio con relación al desenlace de la historia de Ester, usted debe confiar que Dios se traía algo entre manos. ¿Qué significa todo esto? En momentos como este usted puede poner en práctica lo mismo que hizo Mardoqueo, comparó los eventos de la vida de Ester con las características de Dios que ya conocía, para descifrar cuál podría ser su propósito. El mismo Dios que trabajó en la vida de Ester es el mismo que trabaja hoy en la suya. Quién sabe las circunstancias por las que tendrá que pasar "para una hora como esta".

Algunos momentos decisivos vendrán de forma inesperada y pasarán rápidamente, pero tendrán consecuencias a largo plazo. Creo que la decisión de obedecer a Dios puede cambiar el curso total de su vida.

Si usted tiene un don en un área específica, usted querrá dejar una huella y querrá contribuir a un mundo mejor. Sin embargo, usted no sabrá cuál fue su legado, tampoco conocerá cuáles fueron sus más grandes errores hasta que pasen los años. El momento decisivo sucederá cuando usted no tenga conocimiento de que en efecto está sucediendo. Así que el problema y reto es que nos sabremos a ciencia cierta qué será lo que haremos para marcar la diferencia.

Ester tenía que escoger si se mantendría indiferente ante la amenaza de exterminación de su pueblo o si arriesgaría su vida. ¿Será que Ester había desarrollado falta de interés o falta preocupación? ¿Habría asimilado la cultura persa a tal punto que ya no se identificaba con sus raíces judías? Quizás su nuevo estilo de vida la llevó a desconectarse de su gente o quizás había perdido su identidad.

Esta es la batalla que enfrentan muchas mujeres cristianas. ¿Nos quedaremos conformes en el banco de la iglesia o nos levantaremos, abrazaremos nuestra cultura y haremos un cambio positivo a favor del Reino de Dios? Unos de los espíritus de los que tenemos que ser libres es del espíritu de la indiferencia. La indiferencia provoca apatía, complacencia y falta de preocupación hasta que nuestros corazones se endurezcan lentamente.

Nos hemos hecho insensibles al problema de los demás. En muchas ocasiones esto sucede porque hemos pasado a un segundo plano o nos han mantenido en el anonimato dentro de la iglesia. Podemos sentir que no importamos, que somos insignificantes e irrelevantes para el plan y el propósito de Dios. Por otro lado, hay mujeres que han esperado por tanto tiempo que la autoridad las reconozca y las apruebe, que su esperanza se ha visto frustrada y sus corazones se han enfermado. Entonces hay otras que pierden su identidad porque quieren hacer lo que aprueban las masas.

Sin embargo, el Señor desenvainó la espada de la liberación para romper las cadenas que mantienen atadas a las mujeres. Las mujeres están recibiendo su identidad del Padre del cielo. Él está alineando nuestros corazones con su corazón. El Padre del cielo viene a despertarnos, equiparnos y a darnos su aceptación.

Rompa la conspiración del silencio

En el versículo 14, Mardoqueo le aconsejó a Ester que renunciara al temor que la llevaría a quedarse en silencio. En este versículo la palabra *silencio* también significaba "identidad oculta". Por años la religión le ha dicho a la mujer que tiene que mantenerse en silencio. Sin embargo, el Señor le ha dado a la mujer una voz para cada área de la sociedad. Es tiempo de hablar y darle una respuesta femenina a cada situación de la vida.

Ester asumió un rol de liderazgo cuando su pueblo lo necesitaba. Ester, mayormente referida en el libro como reina, toma el manto del liderazgo en el momento decisivo de Ester 4:12-16. Ester salvó a su familia y a su pueblo gracias a su valentía, su disposición a arriesgar su vida, su adaptación a las circunstancias, su firmeza y su conocimiento de liderazgo.

¿Cuántas veces hemos dicho: "Señor, este no es el mejor momento"? Nos podemos identificar con Ester. El rey no había querido ver a Ester por más de treinta días. Quizás había perdido el favor del rey. Sin embargo, ella permanecía alerta ante el reto, sabía que si ella no lo hacía, ¿quién lo haría? Si no era ahora, ¿entonces cuándo?

Ester sabía, al igual que nosotros, que: Dios trabaja como quiere y cuando quiere.

Este era el momento de Ester actuar.

Quizás Dios haya puesto en su corazón hacer algo para Él. No se lance así porque sí, espere por el tiempo perfecto de Dios. José estuvo en la cárcel hasta que Dios determinó el tiempo para su liberación. Dios trabajará en el momento perfecto, siempre que nos mantengamos fieles y alertas a su dirección.

Declaraciones y oraciones para despertar en usted su destino

Despertaré de mi sueño y de mi estado de inactividad.

Despertaré de la autosuficiencia y la indiferencia.

Soy un miembro activo del ejército del Señor.

Actuaré a favor de mi cultura y oraré por ella.

Confunde cualquier plan y conspiración diabólica que quiera mantenerme en silencio.

Me levantaré y haré que se escuche mi voz.

Predicaré tu Palabra.

Animaré a la próxima generación de mujeres virtuosas.

Que todo don, talento y unción que están dormidos dentro de mí despierten.

Qué toda idea divina se despierte, se active, se cultive y funcione para el avance del Reino.

Responderé al llamado de Dios.

No me acobardaré.

Me liberaré de la inseguridad y del temor al fracaso.

Quebranto todo espíritu religioso que haya intentado mantenerme en el anonimato.

Me sacudo de la apatía y de la falta de preocupación.

Aprovecharé el tiempo.

No permitiré que un espíritu de vagancia y pereza controle mi vida.

Caminaré con prudencia, no como una mujer insensata, tonta e ingenua. Soy sabia y estoy segura del propósito de Dios para mi vida.

El Señor redimirá todo el tiempo perdido y restaurará cada año que desaproveché.

Aprovecharé cada oportunidad que surja para alcanzar mi destino.

Soy una mujer llena del Espíritu Santo.

Mi corazón experimenta un gran despertar a mi propósito y mi destino.

Buscaré y encontraré al Dios que me llamó.

Tengo visión y entendimiento del corazón y la mente de Dios.

En mi corazón hay un nuevo nivel de urgencia y de pasión por el propósito de Dios.

Tengo valor.

Me libero del desánimo y la falta de esperanza.

El Señor me aprueba y me ha llamado y ungido para una hora como esta.

Usaré mi vida y mis recursos para hacer grandes cosas para el Señor.

Oración para activar el poder de elegir correctamente

Señor, en Deuteronomio 30:19 dice: "A los cielos y a la tierra llamo por testigos hoy contra vosotros, que os he puesto delante la vida y la muerte, la bendición y la maldición; escoge, pues, la vida, para que vivas tú y tu descendencia".

Señor yo elijo la vida. Elijo las bendiciones. Te pido que me des la habilidad de tomar decisiones acertadas. Que la sabiduría y la discreción reposen sobre mí. Elijo tus planes y tu propósito para mi vida. Elijo salir de la zona de comodidad y obedecer tu propósito.

No seré una víctima de las circunstancias. Perdono a cada uno de los hombres que no me promovieron simplemente por ser una mujer. No permitiré que un espíritu de odio se infiltre en mi corazón. No permitiré que la venganza, el enojo y la represalia contaminen mi espíritu.

Elegiré correctamente motivada por el amor. Caminaré en rectitud. Elijo ser una mujer de santidad. Elijo salir del statu quo. Elijo ser una bendición para la próxima generación. Dejaré un legado de bondad y misericordia aquí en la tierra. Trazo un línea en el espíritu y elijo la vida que bendecirá a mi descendencia. Mis descendientes heredarán la tierra como resultado de mis decisiones rectas. En el nombre de Jesús, te lo pido. Amén.

Capítulo 5

GOBIERNE y REINE con el CETRO de la ORACIÓN y el AYUNO

Ve y reúne a todos los judíos que se hallan en Susa, y ayunad por mí, y no comáis ni bebáis en tres días, noche y día; yo también con mis doncellas ayunaré igualmente, y entonces entraré a ver al rey, aunque no sea conforme a la ley; y si perezco, que perezca. Entonces Mardoqueo fue, e hizo conforme a todo lo que le mandó Ester.

—Ester 4:16–17

Pero este género no sale sino con oración y ayuno.

—Mateo 17:21

ESTER DEMOSTRÓ TENER madurez y sabiduría al declarar un ayuno. Ella no actuó bajo presunción. Ester sabía que esta situación estaba fuera de su control y que la liberación de su pueblo sucedería únicamente con un rompimiento espiritual y una estrategia divina. Ester convocó un ayuno entre todas las personas que se encontraban bajo su esfera de influencia. Ella conocía el poder de la unidad. Ella conocía el poder que un espíritu quieto y sumiso tendría sobre el enemigo. Ella sabía que su Dios le extendería su gracia a cambio de su humildad. Por lo tanto, Ester esperó por tres días en la presencia de Dios para que Dios le revelara el mejor plan a seguir.

Convocar un ayuno de tres días implicaba que durante ese periodo de tiempo ella también esperaría ante el Señor en oración. Ese es el propósito del ayuno. Los judíos no dejaban de comer para perder peso; ellos ayunaban por razones espirituales. Cuando una situación dejaba de ser irrelevante para convertirse en algo de suma importancia y preocupación, el tiempo que normalmente utilizaban para preparar y consumir la comida se tornaba en periodos prolongados de oración y ayuno en secreto.

El ayuno es una de los disciplinas espirituales que Dios ha establecido para provocar un rompimiento en nuestra vida y el la vida de otras personas. Antes de querer lograr grandes cosas para el Señor, es necesario que tomemos el tiempo para ayunar.

> ¿No es más bien el ayuno que yo escogí, desatar las ligaduras de impiedad, soltar las cargas de opresión, y dejar ir libres a los quebrantados, y que rompáis todo yugo?
>
> —Isaías 58:6

La Biblia nos dice que el ayuno desatará ligaduras de impiedad en nuestras vidas.

- El ayuno fortalece el espíritu (vea Lucas 4:14, 18).
- El ayuno desata el poder de la intercesión.
- El ayuno desata dirección para tomar decisiones (vea Jueces 20:26-28).
- El ayuno suaviza el corazón y lo prepara para el arrepentimiento.

- El ayuno quebranta el orgullo y trae humildad (vea Salmo 35:13).
- El ayuno desata la estrategia y el rompimiento en el momento de la crisis (vea Esdras 8:21, 31).
- El ayuno trae la revelación departe de Dios (vea Isaías 58:11).
- El ayuno desata la múltiple sabiduría de Dios.

La oración y el ayuno desatan la múltiple sabiduría de Dios

¿No clama la sabiduría, y da su voz la inteligencia? En las alturas junto al camino, a las encrucijadas de las veredas se para; En el lugar de las puertas, a la entrada de la ciudad, a la entrada de las puertas da voces:

"Oh hombres, a vosotros clamo; dirijo mi voz a los hijos de los hombres. Entended, oh simples, discreción; y vosotros, necios, entrad en cordura. Oíd, porque hablaré cosas excelentes, y abriré mis labios para cosas rectas. Porque mi boca hablará verdad, y la impiedad abominan mis labios.

"Justas son todas las razones de mi boca; no hay en ellas cosa perversa ni torcida. Todas ellas son rectas al que entiende, y razonables a los que han hallado sabiduría. Recibid mi enseñanza, y no plata; y ciencia antes que el oro escogido. Porque mejor es la sabiduría que las piedras preciosas; y todo cuanto se puede desear, no es de compararse con ella.

"Yo, la sabiduría, habito con la cordura, y hallo la ciencia de los consejos. El temor de Jehová es aborrecer el mal; la soberbia y la arrogancia, el mal camino, y la boca perversa, aborrezco. Conmigo está el consejo y el buen juicio; yo soy la inteligencia; mío es el poder. Por mí reinan los reyes, y los príncipes determinan justicia".

—Proverbios 8:4–15

Quisiera tomar un tiempo para discutir el último beneficio del ayuno que mencioné en la lista pasada. Dios está liberando una impartición de su múltiple sabiduría sobre las mujeres. Esto nos habla acerca de la belleza y la diversidad de la gracia de Dios sobre las mujeres. La sabiduría es el proceso de discernimiento en el que se pesan las elecciones y se juzgan las alternativas. La sabiduría es una destreza. Es la habilidad de utilizar el conocimiento correctamente.

Podemos ver claramente la múltiple sabiduría de Dios en las distintas relaciones de influencia que tienen las mujeres: esposa-esposo, madre-hijo, madre-hija y amiga-amiga. Para la mujer virtuosa, las elecciones siempre deben hacerse en consonancia con la voluntad de Dios y su propósito. Vamos más profundo en las expresiones y las virtudes que vemos en Proverbios 8.

- Prudencia—Actuar con templanza, cautela, moderación, sensatez y buen juicio. Consiste en discernir y distinguir lo que es bueno o malo, para seguirlo o huir de ello. Ester demostró prudencia cuando le pidió al pueblo de Dios que ayunara junto a ella antes de presentarse ante el rey. Ester tomó el tiempo necesario, actuó cuidadosamente y pensó en el futuro antes de pedirle al rey lo que necesitaba.
- Enseñanza—Instruir a través de la disciplina.
- Entendimiento—Sugiere la idea de aprender de las experiencias difíciles de otros; saber o comprender la situación. Mardoqueo solicitó que Hatac le explicara el decreto a Ester. Entonces ella decidió ir ante el rey basándose en lo que había entendido y no en una mera emoción.
- Conocimiento—En la información de un carácter firme. Ester utilizó su conocimiento acerca del protocolo en el palacio para acercarse al rey. Ella entendía la cultura y utilizó este conocimiento para hacerle un banquete. La aplicación del conocimiento

que Ester había obtenido acerca de la cultura del Imperio Persa le dio poder para actuar en beneficio de los judíos.

* Rectitud—Se refiere a una buena conducta. La motivación de Ester al hablar con valentía frente al rey era recta. "Más el justo está confiado como un león" (Proverbios 28:1).

* Circunspección—Se refiere a considerar cuidadosamente toda la situación antes de actuar, juzgar o decidir; ser cuidadoso; examinar todo lo que puedan afectar la determinación. El tiempo de espera le otorgó a Ester lo que necesitaba para recopilar todos los hechos (Ester 4:5).

* Excelencia—Ser superior, sobrepasarlo todo.

* Verdad—Los hechos reales acerca de algo; la realidad y no la falsedad.

* Discreción—Sensatez para formar juicio y tacto para hablar u obrar. Don de expresarse con agudeza, ingenio y oportunidad. Reserva, prudencia, circunspección. Ester fue discreta al preparar una cena especial para el rey y Amán con el fin de evaluar la forma de pensar del rey (Ester 5:5).

* Justicia—Darle a cada persona lo que merece. Es retributivo. Con sabiduría, Ester reescribió el decreto que le administró justicia a Amán y a sus hijos, y empoderó a los judíos para que se defendieran.

La oración y el ayuno desatan la justicia de Dios

Lo dilatado de su imperio y la paz no tendrán límite, sobre el trono de David y sobre su reino, disponiéndolo y confirmándolo en juicio y en justicia desde ahora y para siempre. El celo de Jehová de los ejércitos hará esto.

—Isaías 9:7

Dios está expandiendo e incrementando el poder de su Reino. Por lo tanto, tiene que establecer orden y justicia. Esto sucede a través de su juicio y de nuestras oraciones. Tal y como lo hizo con Ester, usted ha sido posicionado como su reina en un territorio específico y a la vez que usted ora establece el orden de Dios en todo aquello que se encuentra en desorden. A través de la oración, usted opera bajo su mandato para atraer el orden del Reino de los cielos a su esfera de influencia aquí en la tierra. En Isaías 9:7, Dios nos dice que la capacidad, el tamaño y la influencia de su gobierno no tiene fin. Como reina del Reino de Dios, usted rige y reina junto con Él a través del cetro de la oración.

Jesús nos enseñó que la justicia se establece a través de la oración constante (declarando la Palabra de Dios). La justicia es la manera de Dios enderezar lo torcido. Jesús es el mejor reformador social. Él fue el primero en conectar la justicia (reformación social y enderezar lo torcido) con la oración constante. "¿Y acaso Dios no hará justicia a sus escogidos, que claman a él día y noche? ¿Se tardará en responderles? Os digo que pronto les hará justicia. Pero cuando venga el Hijo del Hombre, ¿hallará fe en la tierra?" (Lucas 18:7-8).

La intercesión nos posiciona para escuchar la voz de Dios y obedecerla para que podamos caminar en nuestro llamado y destino. Cuando intercedemos nos posicionamos para recibir la revelación del corazón de Dios para nuestras vidas. Cuando intercedemos recibimos la revelación del destino de nuestra gente (las personas que amamos), nuestra ciudad o de nuestra nación para juntos luchar por la plenitud de Dios en sus vidas.

La intercesión por otros provoca una gran cantidad de bendiciones que redundan en la vida del que intercede. Cada oración para bendecir a otro es una oración que Dios le regresará a usted y a su familia. La ley del Reino requiere que siempre recibamos más de lo que damos por fe. "Dad, y se os dará; medida buena, apretada, remecida y rebosando darán en vuestro regazo; porque con la misma medida con que medís, os volverán a medir" (Lucas 6:38).

La International House of Prayer (Casa Internacional de Oración) es conocida por su intercesión. En una clase acerca de la "Revelación de la Intercesión", se dijo lo siguiente:

> La intercesión es la ingeniosa estrategia de Dios de gobernar poderosamente junto con Él. Además, tiene un impacto increíble en nosotros ya que nos lleva a tener intimidad con Dios a la vez que nos protege con humildad, nos transforma con su santidad, nos unge con poder, nos une como un cuerpo, desata revelación y aumenta nuestra herencia mientras nos entrena para gobernar con su sabiduría.[1]

Cuando usted opera como reina, usted se encuentra en posición de trabajar en conjunto con el Rey de reyes para administrar justicia. A este nivel de intercesión lo he llamado intercesión gubernamental o digna de un rey, porque estamos sentados en lugares celestiales, gobernando y reinando junto con nuestros hermanos en Cristo Jesús. Gracias a Jesús los creyentes tienen una posición como reyes y reinas con el poder de dar un mandato y decretar, atar y desatar, permitir y prohibir, todo esto a través de la oración.

La oración es la llave para administrar el Reino de Dios aquí en la tierra. Por eso es que usted ha tenido que enfrentar todo tipo de oposición cuando usted decide ayunar. Todo el infierno escucha su declaración. Una fuerza invisible se levanta en su contra. ¿Puede darse cuenta de lo que Ester tuvo que enfrentar? Probablemente esta es la razón por la cual no ayunó sola. En el próximo capítulo compartiré lo que a mi entender tuvo que enfrentar Ester durante su ayuno. Creo que todo esto es lo que tenemos que enfrentar y destruir como las Ester de hoy día antes de estar listas para movernos en autoridad como reinas.

La oración y el ayuno nos mueven a una nueva esfera de autoridad

Pues la palabra del rey es con potestad, ¿y quién le dirá: ¿Qué haces?

—Eclesiastés 8:4

Como dije anteriormente, la forma en la que podemos administrar el Reino es a través de nuestras palabras. El mundo toma forma, las guerras se pelean y las relaciones se construyen o se destruyen a base de palabras, lo que le da forma a nuestras oraciones, lo que su vez forma en nosotros un espíritu de intercesión. Tenemos que cuidar nuestras palabras. Podemos declarar que nuestras familias o nuestra ciudad se van al infierno en un segundo porque hay ángeles y demonios prestándole atención a nuestras palabras, esperando ejecutar lo que usted declara.

Hay una gloria eterna que tiene su origen en la intercesión, la intercesión gubernamental o digna de un rey. Nosotros activaremos el Reino y nos moveremos en la dimensión del Reino a través de la intercesión. Podemos intentar y pasar directamente a decretar y declarar, pero si no aprendemos primeramente a orar con precisión, no podremos trascender a nuestro lugar de autoridad. El Señor dice que esta es la hora en la que tenemos que ponernos de pie para ser las reinas que Él ha diseñado.

La guerra no comenzará hasta que usted se posicione en un lugar de oración. Nada cambiará en su vida, su familia, su lugar de trabajo, su ciudad, estado o su país hasta que ore. Ester conocía muy bien este principio.

Cuando usted se arrodilla o asiste a las reuniones de oración en su iglesia, usted se está posicionando en un lugar de autoridad para administrar y legislar el Reino de Dios. La oración es el cetro que Dios ha diseñado para que las reinas y los reyes extiendan mientras gobiernan y reinan. A través del cetro de la oración veremos nuestros planes y propósitos establecerse en nuestras vidas y en la tierra.

La Biblia nos dice que todo lo que atemos o permitamos será permitido en la tierra (Mateo 16:19; 18:18). Nosotros podemos decir algo y que esto se establezca (Job 22:28). A través de nuestras oraciones podemos levantarnos como una puerta y como una fuerza en contra de los poderes de oscuridad. Tenemos el poder y la autoridad de echar fuera al diablo. La autoridad del diablo en el ámbito terrenal es ilegal. No se le ha delegado ninguna autoridad. La manera en la que gana poder es a través de las acciones de los seres humanos. Él opera a través de lo que elegimos. Es por esta razón que la oración y el ayuno son tan importantes. Lo que elegimos debe ser totalmente influenciado por el poder del Espíritu Santo.

La batalla que hay en el mundo es totalmente real. El diablo no está tomando prisioneros; él anda buscando sangre; las naciones rugen. Esto fue real en la época de Ester y es real hoy día.

Mujeres de Dios, tienen que levantarse en su área de autoridad. Si usted no sabe dónde es, pregúntele a Dios. Él le revelará qué territorio ha puesto en sus manos. Ahora bien, no se supone que nuestra influencia sea ilimitada y que llegue a todas partes. Es importante saber que Dios no le ha puesto todos los territorios en sus manos. Un territorio es "el alcance o la porción de superficie terrestre perteneciente a una ciudad, región u otro cuerpo".[2] Pablo nos dice: "Si para otros no soy apóstol, para vosotros ciertamente lo soy; porque el sello de mi apostolado sois vosotros en el Señor" (vea 1 Corintios 9:2). Algunos no podremos ver la efectividad de nuestras oraciones y nuestra influencia porque nos encontramos fuera de nuestro territorio. Cada reina tiene un reino.

¿Cómo puede entender cuál es su territorio? Debe escuchar el consejo del Señor.

La oración y el ayuno nos guían al consejo del Señor

Porque ¿quién estuvo en el secreto de Jehová, y vio, y oyó su palabra? ¿Quién estuvo atento a su palabra, y la oyó? He aquí que la tempestad de Jehová saldrá con furor; y la tempestad que está preparada caerá sobre la cabeza de los malos. No se apartará el furor de Jehová hasta que lo haya hecho, y hasta que haya cumplido los pensamientos de su corazón; en los postreros días lo entenderéis cumplidamente. No envié yo aquellos profetas, pero ellos corrían; yo no les hablé, mas ellos profetizaban. Pero si ellos hubieran estado en mi secreto, habrían hecho oír mis palabras a mi pueblo, y lo habrían hecho volver de su mal camino, y de la maldad de sus obras.

—Jeremías 23:18-22

Mujeres de Dios, debemos estar disponibles para escuchar lo que Dios tiene que decirnos de nuestros territorios: nuestras familias, ciudades, nación y lugares de trabajo. No podemos descansar en lo que alguien dice que Dios dijo acerca de ellos. En este tiempo, más que nunca antes, es sumamente importante que tengamos el diseño de Dios para nuestras vidas.

El problema que tenían los profetas en el versículo de Jeremías es que no le prestaron atención a la dirección de Dios antes de comenzar a darles palabra al pueblo de Dios. Sus palabras nos salvaron a las personas del mal. Sin embargo, las palabras de Ester sí lo hicieron y sus palabras pueden hacerlo también.

Una de las claves que necesitamos para la intercesión digna de una reina es el discernimiento, tener la capacidad de entender lo que Dios está queriendo decir. Dios tiene una palabra especifica para cada territorio en el que nos ha dado autoridad. Ester es nuestro mayor ejemplo. Cuando despertó a su propósito, inmediatamente convocó un ayuno y oró por tres días. Ester sabía que no podría ser efectiva si antes no buscaba el consejo del Señor para obtener la estrategia que liberaría a su pueblo escogido. Él la ayudó a discernir su voz clara y precisa para su territorio, y le dio la estrategia para empoderar a su pueblo y finalmente libertarlos. Lo que funcionó para los judíos en Jerusalén no fue necesariamente lo que funcionó para los judíos en Persia. Dios estableció a Ester en Persia para legislar la justicia de Dios a favor de la nación de Israel. Entonces recibió la palabra específica del Señor para ese territorio y accionó.

Tenemos que seguir este mismo patrón con mucho cuidado. Hay mucho en juego. Muchas vidas están sujetas a que escuchemos la voz de Dios y discernamos lo que el Señor quiere decirnos. De acuerdo a Mateo 16:18 nuestro mandato es traer y poner en función el Reino de Dios. Pero si no escuchamos el consejo del Rey de reyes y entendemos lo que quiere declarar sobre una región, entonces no estaremos alineados con lo que su Reino establece.

Tenemos que informar nuestra intercesión. No podemos simplemente decretar cualquier cosa. Entre en el consejo del Señor. Permítale poner sus palabras en su boca. Permítale depositar su verdad dentro de su corazón. La oración es una disciplina que se decide. Primera de Pedro 4:7 nos dice: "Mas el fin de todas las cosas se acerca; sed, pues, sobrios, y velad en oración". La oración y la intercesión nos dirigen al consejo del Señor.

La oración y el ayuno quebrantan lo que impida la unción de Ester

¿No es más bien el ayuno que yo escogí, desatar las ligaduras de impiedad, soltar las cargas de opresión, y dejar ir libres a los quebrantados, y que rompáis todo yugo?

—Jeremías 58:6

En el próximo capítulo hablaré más acerca de esto, pero quiero mencionarlo aquí. Basándome en todo lo que Ester tuvo que vivir—ser huérfana, ser judía en Persia y vivir en una cultura controlada por los hombres—creo que tuvo que vencer muchos obstáculos espirituales y fortalezas personales para llegar a el punto de poder caminar en su autoridad como reina y traer libertad a su pueblo. Creo que al igual que muchos de nosotros, ella se tuvo que enfrentar cara a cara con el temor, la vergüenza, insuficiencia, rechazo y hasta el espíritu de sobrevivencia que vino a su vida a raíz de lo que llamo el espíritu de la orfandad. Creo que el espíritu de orfandad es el mayor impedimento para obtener la unción de Ester y tiene que quebrantarse a través de la oración y el ayuno.

El ayuno libera la unción del quebrantamiento. En Isaías 58 el Señor le habla al profeta Isaías acerca del ayuno que eligió. Este es el ayuno que el Señor dice que desata las ligaduras de impiedad, suelta las cargas de opresión, y deja ir libres a los quebrantados, y que rompe todo yugo en nuestras vidas.

Las mujeres se abruman con las cargas de nuestras relaciones. Guardamos las heridas y las ofensas. Podemos sobrellevar la carga y perseverar en medio de dificultades e injusticias extremas. Sin embargo, en estas circunstancias estamos vulnerables a influencias demoniacas de todo tipo. El ayuno quiebra todas estas influencias en nuestras vida y nos hace sentirnos seguros y confiados en Dios.

El ayuno también purifica y transforma nuestras mentes y nuestra forma de pensar. El ayuno quiebra las influencias de nuestra cultura y nos alinea con la cultura del Reino. El ayuno quiebra las limitaciones de nuestra mente y nos hace estar a la expectativa de recibir la salvación del Señor, sin importar la magnitud del problema que estemos enfrentando. El ayuno nos purifica y nos hace caminar en santidad en presencia del Señor, y al final serán nuestra santidad y nuestra rectitud las que nos salvarán a nosotros, nuestras familias y nuestra nación.

El ayuno también nos facilitará las características que he identificado como la unción de Ester. Tendremos el poder de tomar decisiones sabias y no reaccionar por nuestras emociones. Una percepción emocional equivocada nos puede conducir a tomar una mala decisión. Por ejemplo, si creemos en nuestro interior: "No puedo comenzar un ministerio porque los hombres me rechazarán", continuaremos tomando decisiones que nos alejarán de caminar en el cumplimiento de las promesas de Dios para nosotras. Nuestra percepción y nuestro modo de pensar se basan mayormente en nuestras tradiciones. Esto nos limita. Elegimos de acuerdo con la forma en que percibimos las cosas. El ayuno nos liberará de esto.

Quedará milagrosamente demostrada la gracia de un pensamiento creativo, el discernimiento de espíritus y un plan estratégico para libertar las naciones. Muchas de nosotras tendremos que lidiar con la misma cantidad de elecciones y posibilidades con las que enfrentaron los grandes personajes de la historia.

El único obstáculo para alcanzar nuestro éxito es la manera en la que reaccionamos ante las situaciones, cómo les expresamos nuestro amor a los demás, cuánto tiempo estamos dispuestos a invertir en nuestro propio éxito y las palabras que escogemos para expresarnos; nuestras elecciones diarias, por más pequeña que sean, le dan forma a nuestra vida. El ayuno quebrará las fortalezas mentales y espirituales que nos controlan y nos hace libres para vivir nuestro propósito al máximo.

Oraciones que desata la justicia para las mujeres

> Entonces nacerá tu luz como el alba, y tu salvación se dejará ver pronto; e irá tu justicia delante de ti, y la gloria de Jehová será tu retaguardia. Entonces invocarás, y te oirá Jehová; clamarás, y dirá él: Heme aquí. [...] Jehová te pastoreará siempre, y en las sequías saciará tu alma, y dará vigor a tus huesos; y serás como huerto de riego, y como manantial de aguas, cuyas aguas nunca faltan.
>
> —Isaías 58:8–11

Dios, tu Palabra nos promete que vendrás con poder sobre aquellos que elijen el ayuno que Tú deseas (Isaías 58:6-12). Padre, te pido que muestres tu poder y tu justicia a las mujeres alrededor del mundo. Que la luz de tu poder resplandezca como la mañana. Permite que se enciendan tu sanidad y tu liberación para exterminar la opresión que sufren las mujeres y las niñas. Señor, justicia y juicio son el cimiento de tu trono; permite que tu justicia se extienda a las mujeres. Señor, levanta libertadores que ejecuten la justicia que liberará a las mujeres de las ataduras que son resultado de leyes opresivas y barreras sociales que se han levantado por décadas o siglos. Señor, que las Ester de hoy se posicionen en escaños políticos donde puedan darle voz a las mujeres en los procesos de toma de decisiones. Que se le otorgue poder a las mujeres de todo el mundo para quebrantar las ligaduras de impiedad y las cargas de opresión. Que se rompa todo yugo.

Señor, dame ideas creativas para poder ayudar a los oprimidos. Soñaré en grande y pensaré fuera de lo normal. Creo que el cambio es posible y quiero ser parte de la solución. Señor, dame estrategias creativas para crear conciencia sobre los problemas de la mujer.

El profeta Miqueas nos da uno de los mejores resúmenes del estilo de vida del Reino. Dios nos ha llamado a ser hacedores de justicia y amantes de la misericordia con espíritu humilde (Miqueas 6:8). Los actos de justicia incluyen: alimentar al hambriento, cuidar al necesitado, los huérfanos, las viudas y los que no tienen hogar y ayudar a mitigar el aborto, la pobreza, la misoginia y el racismo (prejuicio sistematizado) en el mercado, en las autoridades, la educación, en los empleos, entre otros. Esto es lo que Dios pide de nosotros. Esto es lo que Dios quiere que vivamos y lo que requiere.

Oraciones para la prevención y abolición del tráfico sexual

Nuestro trabajo preventivo comienza y termina con Jesucristo. Jesús vino para libertar a los cautivos (Lucas 4:18). El tráfico sexual prospera cuando se mantiene el la oscuridad. Se convierte en un secreto muy bien guardado, en una tragedia que se escapa de nuestra vista y de nuestra mente e involucra a víctimas que nos pueden hablar por sí mismas.

Señor, oro para que el tráfico sexual se detenga en todo el mundo. Señor, oro para que la luz de tu gloria exponga todo aquello que se hace en la oscuridad. Que la situación del tráfico sexual se plantee en los altos foros de nuestra nación. Levanta las voces de aquellas víctimas que no pueden hablar. Permite que el pueblo tenga conocimiento acerca de este mal. Oro por las organizaciones justas que procuran ponerle fin a esta tragedia social. Que puedan tener todos los recursos necesarios para crear conciencia a nivel social y que tengan las estrategias para erradicar el tráfico sexual alrededor del mundo. En el nombre de Jesús, te lo pido. Amén.

Otras áreas de oración sobre la justicia para las mujeres:

- La educación para las niñas
- La salud de la mujer
- El empoderamiento económico de la mujer
- La violencia doméstica

Capítulo 6

LIBÉRESE *del* ESPÍRITU *de* ORFANDAD

Le dio también la copia del decreto que había sido dado en Susa para que fuesen destruidos, a fin de que la mostrase a Ester y se lo declarase, y le encargara que fuese ante el rey a suplicarle y a interceder delante de él por su pueblo. Vino Hatac y contó a Ester las palabras de Mardoqueo.

Entonces Ester dijo a Hatac que le dijese a Mardoqueo: Todos los siervos del rey, y el pueblo de las provincias del rey, saben que cualquier hombre o mujer que entra en el patio interior para ver al rey, sin ser llamado, una sola ley hay respecto a él: ha de morir; salvo aquel a quien el rey extendiere el cetro de oro, el cual vivirá; y yo no he sido llamada para ver al rey estos treinta días. Y dijeron a Mardoqueo las palabras de Ester.

Entonces dijo Mardoqueo que respondiesen a Ester: No pienses que escaparás en la casa del rey más que cualquier otro judío. Porque si callas absolutamente en este tiempo, respiro y liberación vendrá de alguna otra parte para los judíos; mas tú y la casa de tu padre pereceréis. ¿Y quién sabe si para esta hora has llegado al reino?

Y Ester dijo que respondiesen a Mardoqueo: Ve y reúne a todos los judíos que se hallan en Susa, y ayunad por

mí, y no comáis ni bebáis en tres días, noche y día; yo
también con mis doncellas ayunaré igualmente, y entonces entraré a ver al rey, aunque no sea conforme a la ley;
y si perezco, que perezca.

—Ester 4:8–16

Cuando las mujeres se encuentran en una situación
desastrosa es impresionante ver cómo manifiestan grandes hazañas de fortaleza. Eleanor Roosevelt lo expresó con
más claridad: "Una mujer es como una bolsita de té, no se
puede saber lo fuerte que es hasta que la pones en agua caliente".[1] Es también en los momentos difíciles que tendemos a
escondernos y acobardarnos. Es durante los experiencias traumáticas que nuestro carácter se prueba y nos vemos forzados
a tener acceso a talentos escondidos, sabiduría e ingenuidad.
Es a través de las tormentas de la vida que las imperfecciones
de nuestro carácter salen a la luz y se refinan, se revela nuestra verdadera identidad y nos transformamos en la influencia
heroica con la que Dios nos creó. El Señor hace que el fuego
de la adversidad provoque que se elimine y se purifique todo
lo esté torcido en nuestro corazón. Él está comprometido con
remover todo aquello que obstaculice el cumplimiento de su
propósito en nuestras vidas.

Quiero utilizar este capítulo para hablar del mayor obstáculo que podemos enfrentar para obtener la unción de Ester y
quizás sea la mayor maldición del mundo hoy día: es el espíritu de orfandad. La renuencia de Ester y luego la sumisión
repentina a la petición que le hizo su primo Mardoqueo de
presentarse bajo amenaza de muerte y sin avisar ante el rey
era el resultado de una batalla emocional que se basaba en
destruir el espíritu de orfandad.

Al inicio de la historia de la reina Ester el autor nos rela-
ta que Mardoqueo fue quien la crió. En el libro de Ester 2:7

vemos que Ester no tenía padre ni madre. En otras palabras, era huérfana. Se considera huérfano a todo aquel a quien la muerte lo privó de tener uno o ambos padres. Los huérfanos no tienen identidad como hijos o hijas. Ester tenía una crisis de identidad. Había sido criada como judía, pero forzada a vivir como persa. El mismo nombre de Ester es un indicativo de cómo ella condujo su vida y cumplió con su rol. La raíz del nombre Ester en hebreo es *séter,* cuyo significado es "ocultar". Algunos estudiosos piensan que el significado de Ester es ocultar, como resultado de que se ocultara su identidad. Ella tuvo que ocultar su verdadera identidad. Sin embargo, creo que ella también ocultaba su lucha interna en contra del espíritu de orfandad. Es necesario tener don de discernimiento para ver este espíritu en muchas de las respuestas y las actitudes de Ester. Este espíritu fue el que provocó que Ester le contestara a Mardoqueo con indiferencia e inseguridad. El espíritu de orfandad hizo que ella se sintiera insegura frente a su esposo. Su respuesta inicial fue el resultado de su instinto de sobrevivencia. El instinto de sobrevivencia es el fruto del espíritu de orfandad. Es en los momentos difíciles que buscamos en nuestro interior para lograr vencer los grandes obstáculos que nos impiden alcanzar nuestro destino, el cual es "uno mismo". Ester logró dominarse a sí misma y encontró la fuerza para revelar su identidad como judía sin importar las consecuencias.

Creo que Mardoqueo utilizó sus palabras de autoridad para quebrantar el hombre fuerte en la vida de Ester. Creo que el mayor obstáculo de Ester fue su instinto de sobrevivencia que vino como resultado del espíritu de orfandad.

Mientras me preparaba para escribir este libro, me pregunté en varias ocasiones la razón por la cual las palabras de Mardoqueo hacia Ester fueron tan duras. Parecían estar ligadas a una amenaza de muerte. La realidad es que la única opción que le dio fue enfrentar al rey. Mardoqueo expresó directamente que aunque la reina decidiera seguir ocultando su identidad judía, como anteriormente se lo había aconsejado, ella enfrentaría la muerte segura, pero los judíos recibirían su liberación departe de alguien más. Mardoqueo sabía que Ester tenía una mentalidad de sobrevivencia. Ella tenía le tendencia de protegerse a sí misma y de hacer lo que fuera necesario para sobrevivir. Con esto no pretendo denigrar a Mardoqueo o a Ester. Las palabras de Mardoqueo hicieron que Ester despertara a su necesidad de vencerse a sí misma y abrazar la posibilidad de un propósito mucho mayor.

Ester fue una muchacha ubicada en medio de circunstancias que se salían de sus manos. Todos hemos estado ahí. Nos tomamos el riesgo y ponemos un pie fuera de la barca o nos ahogamos. Si la declaración de Ester: "Y entonces entraré a ver al rey, aunque no sea conforme a la ley; y si perezco, que perezca" hubiese venido de una mujer del siglo veintiuno, hubiese sido: "Haré lo que sea necesario para sobrevivir".

En muchas ocasiones las mujeres son colocadas en situaciones en las que parece no haber otra alternativa aparte de quejarse de las circunstancias, aun cuando en el proceso perdamos nuestra dignidad y nuestro amor propio. El Talmud aclara que la relación de Ester con Asuero no era romántica. Continúa revelando que durante su primera noche con el rey, esta permaneció pasiva y permitió que él la violara en repetidas ocasiones. Ella actuó y cumplió para sobrevivir. De acuerdo con el Talmud, los primeros seis años de Ester en el palacio fueron difíciles. Ella permaneció pasiva ante el rey y obediente a su primo Mardoqueo.[2] Su pasividad y su indiferencia ante la suplica de su pueblo vinieron como resultado de su falta de identidad. Esto también fue producto del espíritu de orfandad.

La características y las señales del espíritu de orfandad

El espíritu de orfandad entró al mundo luego de la caída de Adán y Eva. Dios era el centro de la vida del hombre, Él le proveía y lo protegía de toda la creación. El peor resultado de la caída fue que el hombre se convirtiera en el centro de su propio universo. Él mismo se hizo huérfano y se alejó por completo de Dios. Cuando usted se convierte en el centro de su propio universo, usted se convierte en su propio recurso y Dios le producirá temor. Una persona con el espíritu de orfandad es aquella que carece de identidad emocional y busca obtener su identidad con sus propias fuerzas. ¿Qué es un huérfano espiritual? Una huérfana espiritual es aquella que se siente sola; aquella que no encuentra un lugar seguro en el corazón del Padre, donde Él pueda afirmarla, protegerla, proveerle y expresarle su amor. Ella no se siente aceptada. Está llena de temor, ansiedad e inseguridad. Los huérfanos espirituales tienen un espíritu independiente que generalmente los hace querer esconderse y negar el dolor que sienten.

El espíritu de orfandad está constantemente preocupado por la provisión y la protección. Esta preocupación los obliga a funcionar en sus propias fuerzas, alejados de Dios. Al espíritu de orfandad lo mueve la autosuficiencia, lo cual da como resultado que tengamos que taparnos con hojas para evitar que el Creador nos encuentre. Si regresamos a la historia de Adán y Eva, podemos verlos en acción. Es un acto de vergüenza y de intento de ocultar sus ofensas y debilidades (vea Génesis 3:7). Una persona controlada por el espíritu de orfandad alberga constantemente un sentimiento de abandono, soledad, marginación y aislamiento. Ester estaba aislada y marginada de su familia y la forzaron a vivir en un mundo pagano. Le arrebataron su paz y su seguridad y la forzaron a ceder para poder sobrevivir. Los que funcionan bajo el espíritu de orfandad nunca se rebelarán en contra de la autoridad, debido a que esto amenazaría su seguridad.

1. El espíritu de orfandad opera a través de la inseguridad y el temor. Cuando el rey no la llamaba en treinta días, ella no sabía si el rey había conseguido a alguien mejor que ella o si simplemente estaba perdiendo su influencia. Aunque la Biblia establece que el rey amó a Ester más que a todas las mujeres del reino, ella no

se sentía segura de ese amor. En muchas ocasiones los huérfanos no pueden recibir amor.

2. El espíritu de orfandad hará que usted busque aprobación constante. Ester se ganó el favor del rey. "Cuando le llegó a Ester, hija de Abihail tío de Mardoqueo, quien la había tomado por hija, el tiempo de venir al rey, ninguna cosa procuró sino lo que dijo Hegai eunuco del rey, guarda de las mujeres; y ganaba Ester el favor de todos los que la veían" (Ester 2:15). Cuando leemos este versículo, vemos que dice "ganaba Ester el favor", lo cual indica que a ella no solo se le otorgó ese favor, sino que indica que ella hacía algo para obtenerlo. Creo que Ester era gentil y educada, pero creía en su corazón: "Tengo que actuar o dar lo mejor de mí para obtener el primer lugar".

3. El espíritu de orfandad hará que usted esté en competencia con otros. Este espíritu le dice que debe sobrepasar a los demás cuéstele lo que le cueste. El espíritu de orfandad cobra identidad cuando usted se siente superior a los demás.

4. El espíritu de orfandad carece de autoestima y de identidad.

5. El espíritu de orfandad es autosuficiente. Cuando la vida familiar se interrumpe dramáticamente, el huérfano solo dependerá de lo que pueda controlar. Ester fue removida de su vida familiar. Ella debe haber sentido que solo podía depender en ella misma.

6. El espíritu de orfandad es autoprotector. Los huérfanos se sienten inseguros de su posición. Se sienten descubiertos y sin protección, por lo tanto tienen el instinto de protegerse a sí mismos.

7. El espíritu de orfandad está profundamente arraigado al sentido de sobrevivencia. El sentido de sobrevivencia ocurre cuando usted está obsesionado por proteger lo que tiene miedo a perder. Mardoqueo retó el temor que tenía Ester de perder todo lo que ella había

trabajado con tanto esfuerzo. Tenemos que entender que cuando nos obsesionamos con proteger todo lo que tenemos miedo a perder, tendemos a perderlo con mayor rapidez. En Marcos 8:34-35 dice: "Y llamando a la gente y a sus discípulos, les dijo: Si alguno quiere venir en pos de mí, niéguese a sí mismo, y tome su cruz, y sígame. Porque todo el que quiera salvar su vida, la perderá; y todo el que pierda su vida por causa de mí y del evangelio, la salvará".

Liberación del espíritu de orfandad

Fue después de orar y ayunar que Ester se mostró segura de sí misma y tomó un rol de liderazgo en la historia. Después de orar, ayunar y ser libre del espíritu de orfandad, Ester, "inicialmente una joven hermosa con carácter débil...se convierte en una persona de gran carácter heroico y habilidad para la política".[3]

Estoy segura de que el Señor libertó a Ester del espíritu de orfandad durante el periodo de ayuno y oración. Es así como podemos explicar el cambio de actitud abrupto de Ester. Ella fue de una profunda desesperación a una actitud determinada y de la pasividad al liderazgo. Durante su tiempo de ayuno, Ester e conectó con su yo interior y comprendió para qué se había convertido en reina. Ella entendió por qué era necesario que la relación con este rey irritable le causara sufrimiento. Ella halló seguridad en la presencia del Señor. Ella entendió que tenía una misión y que tenía la capacidad de cambiar su realidad, en lugar de tomar una actitud pasiva de sufrimiento. Ester llegó a convertirse en reina con el propósito de que salvara a su pueblo; su misión y su fe le dieron forma a su carácter y la hicieron actuar y tener éxito.

A lo largo de nuestras vidas todos enfrentamos una que otra crisis. En algunas ocasiones la crisis es severa, amenaza nuestra estabilidad y nuestra seguridad. Es en estos momentos que se prueba y perfecciona nuestro carácter. Tenemos que abrazar el amor y la aceptación del Padre. En el Reino las mujeres nos son ciudadanos de segunda clase; nosotras somos las hijas de Papá. Él declaró el final desde el principio; sus planes para nosotros con de bien y no de mal. Tenemos que sanarnos del rechazo paterno. No somos huérfanas, hemos recibido el espíritu de adopción por el cual clamamos, Aba Padre. El amor del Padre nos protege y nos sostiene.

La oración que quebranta el espíritu de orfandad

Señor, te doy gracias por tu amor. Yo recibo tu amor. Permite que el poder de tu sangre me limpie del espíritu de orfandad. Bautiza mi corazón con el fuego de tu amor. Que el fuego de tu amor consuma el rechazo y el temor. Que el fuego de tu amor elimine la escoria del espíritu de orfandad. Tu amor es como una llama ardiente y las muchas aguas no podrán apagar ese amor que sientes por mí. Las llamas de tu amor por mí son eternas y los mares no serán capaces de ahogarlo. Tu Palabra dice que no nos dejarás sin padre, sino que vendrás a nosotros.

Espíritu Santo, ven y derrama el amor de Dios en mi corazón. Espíritu Santo enséñame a recibir el amor del Padre. Ven dame el poder de la verdad de tu amor. Me rehúso a tener la mentalidad de sobrevivencia. No quiero simplemente sobrevivir; yo quiero disfrutar la vida abundante que tienes para mí. Estoy cansada de buscar hojas para esconderme. Estoy cansada de vivir en el temor y la vergüenza. No me esconderé más de tu presencia.

Me humillo ante ti, Señor. Tu Palabra dice que el grano de trigo no podrá llevar fruto si no cae al suelo y muere. Decido morir a mi yo. No me preocuparé solamente de mis propios intereses, sino que también usaré mi autoridad para beneficiar a los demás. Me deshago de la pasividad y de la indiferencia

Soy hija del Rey. No soy huérfana. No tengo que hacer nada para alcanzar tu amor. Recibo el espíritu de adopción y clamo: "Aba Padre". Me deshago de toda inseguridad y de todo temor. Me deshago del sentido de sobrevivencia.

Perdóname por obsesionarme con intentar retener todo lo que he logrado por mis propios méritos y por competencia. No competiré más para sobrevivir. Tengo tu favor. Confío en que tu amor me protegerá. Encuentro mi seguridad en ti. Eres mi Padre celestial; tú me provees. Obedeceré tu Palabra. Ya no tengo por qué intentar sobrevivir, sino que depositaré toda mi vida en tus brazos de amor. Amén.

Capítulo 7

CAMINE *con* AUDACIA *y* VALENTÍA

El día que clamé, me respondiste; me fortaleciste con vigor en mi alma.

—Salmo 138:3

CADA SITUACIÓN DESESPERANTE tiene que enfrentarse con valentía. ¿Cómo podemos nosotras imaginarnos hoy día el temor y la inseguridad que arropaban a la reina Ester, a quien eligieron por su belleza y por lo mucho que le atrajo al rey? Ester tuvo que buscar en su interior para apropiarse de la valentía y la audacia que necesitaba para luchar contra viento y marea, con la determinación implacable de perseverar.

No tenía una Biblia o a un pastor que le pudiera dar un consejo. Ella no era una princesa con la influencia del reino de un padre que podía favorecer su posición en la corte. Cuando en treinta días el rey no la buscaba (Ester 4:11), ella no sabía si él había conseguido a alguien más que lo satisficiera o si era que simplemente estaba perdiendo su influencia. Ella enfrentó la misma lucha contraria al Reino de Dios que todos enfrentamos en esta sociedad pagana: ¿Cómo podemos responder audaz, sabia y fielmente ante las circunstancias difíciles que se atraviesan en nuestro camino y de las que generalmente tenemos muy poco o ningún control? Las lucha interna con el miedo a la muerte es algo que enfrentan muchos grande líderes. No me refiero a la muerte física, sino a la muerte a nuestra reputación, muerte al orgullo, muerte a las opiniones de los hombres y hasta muerte al éxito. Debemos pararnos fuera de nuestra zona de comodidad, dejar ir lo que ya pasó y dejar ir las desgracias que han intentado detener nuestro éxito. Tenemos que poner un pie fuera del barco del temor y la timidez, y caminar sobre las aguas con arrojo y valentía.

Después de haber orado y ayunado, debe haber una respuesta. Ester utilizó su vida como un instrumento de intercesión. Ella tenía que hacer algo. Como judíos dispersos y huérfanos, Ester había sido criada por Mardoqueo, su pariente más adulto. Ella conocía las leyes y las costumbres judías. Ella adoraba a Yahveh. ¿Podía confiar en su mano libertadora a través de esta situación sin salida? Ya había logrado sobrepasar muchos obstáculos, había soportado el proceso del tratamiento de belleza y ahora tenía que buscar algún sentido de paz y seguridad. Definitivamente no era el momento para complicar las cosas.

Quiero que sepa que el asunto del tiempo es la excusa que el enemigo utilizará para que no logre alcanzar el llamado de Dios en su vida. Sostenemos que es tiempo de criar a nuestros hijos. Algunas de nosotras decimos: "Obedeceré al llamado de Dios cuando mis hijos comiencen en la universidad", "tengo que apoyar a mi esposo", "tengo que cuidar a mi mamá", y la lista de excusas continúa. Aun cuando todas son tareas importantes, no podemos permitir que sean un obstáculo para obedecer el llamado de Dios con audacia y valentía. Dios tiene un tiempo perfecto para todo lo que hace. La creación se fundó en el tiempo perfecto de un Creador omnisciente. Él tiene nuestros tiempos en sus manos.

Ester frente al reto desesperado de sobrevivir, pensaba en la pregunta que Mardoqueo le había planteado: "¿Y quién sabe si para esta hora has llegado al reino?". Creo que Mardoqueo se refería al propósito de Dios en la vida de Ester. Mardoqueo señala que cada una de las circunstancias en la vida de Ester que la condujeron al trono persa, eran para el momento en el que podría interceder por su gente. Creo que sus palabras la animaron y le recordaron que un lugar de privilegio nunca eximirá a una persona de la responsabilidad de responder al llamado de Dios.

¿Cree usted que la están invitando a vivir una vida de recompensa y propósito? Todos hemos sido llamados a cumplir el propósito de Dios aquí en la tierra. Muchos de nosotros pasamos por alto su llamado porque no hemos despertado o no estamos pendientes a lo que Dios utiliza para incluirnos en su plan.

Muchas iglesias tradicionales no han preparado a la mujer para ser líder, pero creo que esto ha ido cambiando. Dios está libertando a muchas mujeres de su manera de pensar y de sistemas de creencias tradicionales y conservadoras que las han mantenido atadas y oprimidas. Al igual que Ester, es necesario que nos apoderemos de la dignidad y el poder de nuestra posición en el reino, y que reclamemos con audacia y valentía nuestra verdadera identidad como mujeres llamadas por Dios. Dios les está otorgando a las mujeres el poder de traer sanidad y liberación a la sociedad. Hacen falta mujeres cristianas valientes entre los líderes prominentes de la nación. Debemos abrazar el llamado de Dios de convertirnos en sus agentes de cambio para el mundo.

Convocadas al servicio activo

Dios tiene un momento preciso para moverse en cada generación y en medio de su iglesia. Algunas eventos de nuestra vida son producto de la expresa voluntad de Dios, y no cambiarán o se moverán porque están alineados al propósito de Dios. Dios les hace un llamado de alerta a las mujeres para que se levanten y proclamen su Palabra por todo lugar. Las está equipando con un espíritu de audacia para enfrentar culturas que denigren a la mujer.

No nos mantendremos calladas. Levantaremos nuestra voz en contra de la injusticia y la opresión. Es necesario que respondamos apropiadamente al llamado de Dios. Hay un momento preciso para el proceso del llamado de Dios, para la tarea que nos asigne, para los sueños o para que se descubra, tome forma y se cumpla el propósito de Dios en su vida. Quiero declarar sobre usted: Mujer de Dios, este es su tiempo.

Necesitamos aprender varias cosas acerca del llamado de Dios. El llamado de Dios para su vida comienza en el corazón de Dios. Jeremías 1:5 nos dice: "Antes que te formase en el vientre te conocí, y antes que nacieses te santifiqué, te di por profeta a las naciones". El llamado de Dios es eterno. Hemos sido llamadas a glorificar a Dios con nuestras vidas. Nuestro llamado fue idea de Dios y es su propósito para nuestras vidas. El llamado de Dios se originó en la eternidad y viene directamente desde su corazón, no de nuestros deseos, ni de nuestra imaginación o de la imaginación de otra persona.

Hay un proceso para descubrir el llamado de Dios. Ahora que usted despertó al llamado de Dios, debe dejarse preparar por el Espíritu Santo. Esto incluye una interacción personal con el Espíritu de Dios y un entendimiento de lo que Dios le está hablando.

El proceso del llamado de Dios

Yo he visto el trabajo que Dios ha dado a los hijos de los hombres para que se ocupen en él. Todo lo hizo hermoso en su tiempo; y ha puesto eternidad en el corazón de ellos, sin que alcance el hombre a entender la obra que ha hecho Dios desde el principio hasta el fin.

—Eclesiastés 3:10–11

1. La etapa de la ignorancia (Hechos 9:4-19)

En esta primera etapa de desarrollo, Dios le da un llamado, una terea, un sueño o una promesa. En este punto usted no entiende lo que es o cómo se supone que funcione. Usted se pregunta por qué razón Dios la escogió a usted para esa tarea y usted observa la habilidad de otros y se pregunta por qué Dios la llamó a usted y no a ellos. Todo el mundo parece estar mejor cualificado y capacitado.

A la vez usted se pregunta por qué se siente tan atraída por un área específica de ministerio o de servicio en la iglesia. El dilema despierta un deseo de pedirle a Dios que le revele algo acerca del propósito que Él tiene para su vida. Como Pablo en Hechos 9, usted comienza a hacerse preguntas de quién es el Señor y de quién es usted.

- "¿Quién eres, Señor?" (v. 5). La respuesta a esta pregunta también revela quién es usted. Usted fue diseñada a su imagen y mientras más conozca el carácter de Dios, más conocerá el camino que ha trazado para que sea su reflejo aquí en la tierra.

"¿Qué quieres que haga?" (v. 6) La respuesta a esta pregunta es el inicio de la aclaración y la dirección de su propósito. Ahora, pregúntese:

- ¿Quién es Jesús para mí?
- ¿Quién soy yo para Jesús?
- ¿Qué quiere Jesús que haga en su Reino?

2. La etapa de conocer la magnitud del llamado (Filipenses 3:10-14)

En esta etapa usted desea descubrir la magnitud de su llamado, su tarea o su sueño. Para poder saber a qué usted fue llamada, debe conocer primeramente al que le hizo el llamado. Una vez conoce al Dios del sueño, sus dudas se aclaran y comienza a entender su llamado.

Pregúntese lo siguiente:

- ¿En qué áreas de mi vida he estado estancada o neutral en cuanto a perseguir el propósito de Dios?
- ¿Qué necesito hacer para cambiar esta posición de estancamiento o neutralidad?

3. La etapa de entender (2 Timoteo 1:11-12)
En esta etapa usted podrá conocer y entender la magnitud, los requisitos y las especificaciones de su llamado. El temor y la ansiedad que se producen al inicio se calman y usted siente seguridad en aceptar el llamado de Dios. "Porque yo sé a quién he creído, y estoy seguro que es poderoso para guardar mi depósito para aquel día" (v. 12).

Pablo pasó de no conocer a Dios, a querer conocerlo y finalmente su deseo se completó a la vez que comenzó a relacionarse con el Dios del llamado. Usted podrá conocer a Dios progresivamente a través de la adoración, la oración y de su Palabra. Se sentirá cada vez más segura de lo que Dios la ha llamado a hacer, su propósito. Estará convencida de que el Dios que la llamó cumplirá lo que le ha prometido.

Pregúntese lo siguiente:

- ¿Mi relación con Dios ha crecido?
- ¿Confío lo suficiente en la tarea que Dios me ha encomendado?

4. La etapa del cumplimiento (2 Timoteo 4:6-8; Hechos 26:12-19)
En esta etapa usted tiene la seguridad de que la tarea que Dios le ha encomendado se completó o se llevó a cabo en su máxima expresión. Esta seguridad produce un deseo de recompensa. Usted se da cuenta que existe una recompensa para aquellos que cumplen con la tarea que Dios les asignó dentro su plan.

Se dará cuenta de que usted peleó una batalla buena y honorable.

Se dará cuenta de que usted completó su tarea.

También se dará cuenta de que ha mantenido la fe o que ha permanecido con valentía y confianza en Dios, creyendo que Él tiene el poder de cumplir todo lo que ha declarado sobre su vida.

Se someterá al precio o el sacrificio que requiera el llamado de Dios y, desde esa postura de humildad, provocará que Dios le responda y le dé su recompensa.

Pero sin fe es imposible agradar a Dios; porque es necesario que el que se acerca a Dios crea que le hay, y que es galardonador de los que le buscan.

—Hebreos 11:6

En esta etapa es sumamente importante que usted entienda que Dios está involucrado activamente en cada detalle de su vida y que Él la recompensará si usted lo busca.

La audacia y la valentía definidas según la Biblia

Tal y como lo planteé al inicio de este capítulo, necesitamos audacia y valentía para caminar en el llamado de Dios o, de lo contrario, estaremos vulnerables a que el enemigo no haga caer en su trampa, nos desanime y nos distraiga. Echémosle un vistazo a estos dos atributos bíblicos y veamos cómo nos impulsan a cumplir nuestro llamado.

Audacia como de león

En Hechos 4:29-31 la palabra *audacia* (denuedo) viene del término griego *parrhesia*. Se caracteriza por "franqueza, declaración sin reservas, hablar con libertad, imparcialidad, atrevimiento y lo opuesto a la cobardía, la timidez o al temor".[1] Este versículo "lo define como una capacitación divina que viene sobre personas ordinarias y sin preparación, y les otorga poder y autoridad en el Espíritu. También se refiere a una presentación del evangelio sin ambigüedad o inteligibilidad. La *parrhesia* no es una característica humana, sino el resultado de tener la llenura del Espíritu Santo. Ser audaz es tener confianza en Él. Cuando usted ha sido perfeccionada en el amor—porque el perfecto amor echa fuera el temor—usted puede ser audaz porque conoce a Dios. Dios es amor. Usted no puede amar si no tiene a Dios, y no puede ser audaz si no tiene a Dios.

Esta es la parte fundamental de la unción de Ester. Ella no hubiese tenido la audacia de hablarle al rey sobre su pueblo si no hubiese orado y ayunado, si no hubiese tenido el corazón de Dios por su gente, y si no se hubiese envalentonado con una justa indignación que podría haberle causado la muerte. Todo esto con el firme propósito de ver la liberación de su pueblo. Esta unción no se obtiene sin oración.

Algunas de nosotras no daremos el paso o decidiremos obedecer el llamado de Dios porque estamos llenas de miedo. Somos como el León Cobarde del *Mago de Oz*. Tenemos miedo de perder nuestra reputación y de ser rechazados. Si le echa un vistazo al libro de Apocalipsis, ¿ha notado que los cobardes e incrédulos están destinados al lago de fuego?

> Pero los cobardes e incrédulos, los abominables y homicidas, los fornicarios y hechiceros, los idólatras y todos los mentirosos tendrán su parte en el lago que arde con fuego y azufre, que es la muerte segunda.
>
> —Apocalipsis 21:8

Mujer de Dios, ese no es el plan de Dios para su vida. La Palabra dice "el justo está confiado como un león" (Proverbios 28:1). Un rugido saldrá de Sión y vendrá de esa "gran multitud de mujeres que con valentía llevarán las buenas nuevas a todo el mundo. Utilizando sus dones, talentos, sabiduría y creatividad" (vea Salmo 68:11).

Como mencioné anteriormente, la audacia es una capacitación divina que viene sobre personas ordinarias y sin preparación, y les otorga poder y autoridad en el Espíritu. Una audacia sobrenatural le hará confrontar todo aquello que se levante en contra de Jesús y de su nombre. Si todos somos honestos, deberíamos admitir que sentimos miedo casi todo el tiempo. Esto es "okay". Podemos confesarle al Señor que sentimos miedo. Podemos pedirle audacia para abrir nuestras bocas y que Él haga el resto. Es por su Espíritu que los corazones son influenciados. Él es el que convence al mundo de pecado. Todo lo que necesitamos es tener la valentía y la audacia necesaria para abrir nuestra boca.

Una convicción valiente

La valentía es la fortaleza mental para continuar a pesar del peligro. La valentía no niega el peligro inminente; niega la autoridad del peligro sobre su vida. La valentía y la audacia algunas veces son intercambiables. A continuación el significado compuesto de valentía:

- La elección de actuar ente el peligro; braveza moral que implica que actuemos para realzar nuestras creencias; decidir ser bueno aun cuando la sociedad lo desapruebe y haya sus repercusiones. En pocas palabras, es permanecer a favor de lo que es correcto en medio de lo que podría ser una situación de peligro.
- Seguir la convicción del corazón.
- Perseverar frente a la adversidad. Para poder perseverar en medio de una tarea, una persona tiene que tener la capacidad de suprimir el deseo de darse por vencido y procurar una tarea más fácil. Para este tipo de persona la voluntad de Dios es final y firme.

• Defender la justicia.

• Enfrentar el sufrimiento con dignidad y fe.

• No se aferre a lo conocido.

Ester diseñó su plan con mucha valentía, aun si implicaba morir en el intento. Ella aprendió en la corte a prepararse físicamente, pero también aprendió a prepararse espiritualmente, lo cual queda evidenciado en su ayuno (Ester 4:16; 9:31). Ester tuvo que vencer sus miedos y enfrentar su destino. El mayor obstáculo que tuvo que vencer fue el de sentido de sobrevivencia. El sentido de sobrevivencia es lo opuesto a la valentía.

Con valentía fue que Ester aprovechó el momento adecuado, presentó su caso, no cuestionó la justicia o la rectitud del rey y humildemente pidió misericordia para ella y para su gente.

¿A qué le teme?

Y yo dije: ¡Ah! ¡ah, Señor Jehová! He aquí, no sé hablar, porque soy niño. Y me dijo Jehová: No digas: Soy un niño; porque a todo lo que te envíe irás tú, y dirás todo lo que te mande. No temas delante de ellos, porque contigo estoy para librarte, dice Jehová. Y extendió Jehová su mano y tocó mi boca, y me dijo Jehová: He aquí he puesto mis palabras en tu boca. Mira que te he puesto en este día sobre naciones y sobre reinos, para arrancar y para destruir, para arruinar y para derribar, para edificar y para plantar.

—Jeremías 1:6-10

Ester tenía algunos miedos y excusas con los que tendría que contender durante los tres días de ayuno. ¿Cuáles son sus excusas? ¿Cuáles son sus miedos? Según el profeta Jeremías, él era muy joven para cumplir el propósito de Dios. Sin embargo, Dios le dijo que lo acompañaría, que pondría sus palabras su boca y que lo posicionaba. Dios la ha posicionado a usted para que camine como una reina del Reino de Dios, escribiendo y reescribiendo los decretos que harán que su Reino se extienda. Cuando usted escuche el consejo de Dios, Él la equipará con recursos, favor, pasión y estrategia. Él no la desamparará. Él la llenará de su Espíritu para que pueda cumplir su propósito. Dios la posicionó y la estableció para que derrote los poderes del enemigo en su territorio.

Ahora reescriba el decreto del diablo en contra de nuestra familia, nuestra ciudad y nuestra nación. Él no tiene autoridad sobre los territorios que Dios nos ha prometido. El decreto del enemigo sobre nuestras vidas no prosperará. Los vamos a deshacer con audacia y valentía ¡en el nombre de Jesús!

Oración para activar la audacia y la valentía

Señor, mira las amenazas del enemigo y otórgame el espíritu de audacia para predicar tu Palabra con milagros, señales y prodigios. Extiende tu mano de poder sobre mi vida, dame las palabras correctas en el momento preciso. Mi seguridad y mi confianza están en ti. Señor, dame la valentía para confrontar en amor a aquellos que se oponen a tu Palabra.

Declaro que soy una mujer de Dios audaz y valiente. Responderé al llamado de ser un instrumento de cambio para el mundo. Responderé a la crisis. Proclamaré el evangelio sin temor. Me mantendré firme en medio de la crisis moral. No permitiré que las leyes del país me silencien. Abriré mi boca y tú la llenarás.

Dios, quiero sentir con tu corazón. Dame tu perspectiva para poder ser tu portavoz aquí en la tierra. Me levantaré en contra de la injusticia. Soy la justicia de Dios y soy audaz como un león. No me acobardo frente al peligro. Enseñaré tu Palabra. Iré a donde me envíes. Lo pido en el nombre de Jesús. Amén.

Capítulo 8

REESCRIBA *el* DECRETO

Escribid, pues, vosotros a los judíos como bien os pareciere, en nombre del rey, y selladlo con el anillo del rey; porque un edicto que se escribe en nombre del rey, y se sella con el anillo del rey, no puede ser revocado.

—Ester 8:8

Mi lengua es pluma de escribiente muy ligero.

—Salmo 45:1

U**N DECRETO ES** una orden oficial, un edicto o una decisión. Un decreto parece estar programado de antemano. También puede significar dar una orden, tomar una decisión oficial, designar a un grupo o a una persona para lograr algo. Un decreto puede prohibir, declarar ilegal o restringir. Este proceso de decretar está relacionado con atar y desatar. Esto hace que se manifieste lo que se proclame o se decrete. Un decreto es una proclamación. Este expresa el consejo de Dios. Si usted no se mantiene firme en el consejo de Dios, ¿cómo puede decretar? ¿Cómo puede desatar el corazón y la mente de Dios para una situación específica, para la gente o para el territorio donde vive?

Orarás a él, y él te oirá; y tú pagarás tus votos. Determinarás asimismo una cosa, y te será firme, y sobre tus caminos resplandecerá luz. Cuando fueren abatidos, dirás tú: Enaltecimiento habrá; y Dios salvará al humilde de ojos. El libertará al inocente, y por la limpieza de tus manos éste será librado.

—Job 22:27-30

Tiene que ser una mujer de revelación. Un espíritu de revelación es un don especial para percibir y ver la profundidad de los planes de Dios. Dios quiere que entienda que cuando usted camina bajo la unción de Ester su oración ya no es hacia arriba, sino que es hacia abajo. Usted está sentada con Cristo en lugares celestiales. Dios quiere que usted entienda su posición espiritual. Ha caminado cabizbaja, derrotada y atemorizada por mucho tiempo. Sin embargo, usted ha sido equipada con el amor, la gracia y la humildad de Cristo, y Él la ha posicionado para que dirija y gobierne junto con Él aquí en la tierra (Efesios 1:20; 2:6).

Desde esta posición de reina en el Reino de Dios, su oración es hacia abajo. Sus oraciones no serán solo para pedir, sino que también escribirá y reescribirá decretos. A través de sus oraciones, usted administra el Reino de Dios en la tierra. Como hemos visto, este nivel de intercesión es diferente a otros. Esto no es adoración. Estas oraciones no son solamente para suplir las necesidades personales. Usted está operando en una esfera distinta. Este nivel de intercesión es de gobierno, el tipo de oración con la que operan los reyes y las reinas del Reino. En este nivel sus oraciones y sus decretos permiten que ocurra todo lo que es lícito y todo lo restrictivo que es ilegal.

El poder de las proclamaciones
y los decretos

Cuando se lanzaba una proclamación o un anuncio, el pregonero o el mensajero gritaba la noticia por toda la ciudad. El decreto se escribía y se publicaba en las puertas de la ciudad y en los centros urbanos importantes para que todo el mundo lo viera. El decreto cambiaba el curso normal de la vida de los ciudadanos. Esto significaba que independientemente de cómo era la vida antes, había ocurrido un cambio y ahora todo sería distinto. Cualquiera que fuese el decreto, se requería obediencia y generalmente se solicitaba la respuesta de los ciudadanos. Este quería decir: "Obedezca o aténgase a las consecuencias" [1].

En el Reino de Dios, los decretos son proclamaciones de la voluntad y de la Palabra del Señor hacia en el espíritu del Reino. La palabra en hebreo para *decreto* es *gazar,* lo cual significa cortado, cortados, cortaron, para destruir, divisoria, excluir o decidir.[2] La palabra *gazar* expresa las características del decreto. También describe el oficio del profeta y el poder detrás de la mente de Dios.

En Job 22:28 la palabra *cosa* en hebreo es *omer,* lo cual significa palabra, discurso o promesa.[3] La palabra en hebreo para *firme* es *qum,* lo cual no solamente significa afirmar, sino también levantarse o ponerse de pie.[4] Por lo tanto este versículo puede leerse de la siguiente forma: "Determinarás asimismo una cosa, y se levantará, crecerá y se afirmará".

La emisión de un decreto provoca un avance repentino en cualquier situación. Un decreto es la base, el fundamento del avance. El decreto nos capacita para hacer lo que sea necesario para deshacer el poder de Satanás en cualquier situación. En este caso, es la oración poderosa y los decretos lo que provocará el rompimiento.

El decreto eterno

Quiero mostrarle algo sobre el decreto eterno. Veamos el Salmo 2:7-9:

Yo publicaré el decreto; Jehová me ha dicho: Mi hijo eres tú; yo te engendré hoy. Pídeme, y te daré por herencia las naciones, y como posesión tuya los confines de la tierra. Los quebrantarás con vara de hierro; como vasija de alfarero los desmenuzarás.

Aquí, lo que Dios nos está diciendo es: "Ya hice todo lo que me había propuesto hacer. Te he dado la autoridad para atar. Te he dado la autoridad para desatar". No es que usted se levante y salga de una buena reunión de oración y diga: "presente cuando pasaron lista de asistencia". ¡No! Tiene ver cumplirse el propósito por el cual Dios la diseñó.

Sus palabras tienen poder. La vida y la muerte vienen como resultado de una palabra. Con sus palabras usted puede comenzar a crear en los cielos. Para que pueda ponerse en pie y decir: "No habrá terrorismo en mi ciudad. Lo declaro por el poder de Dios. Yo ato todo espíritu de terrorismo en el nombre de Jesús", esto detiene el poder de las tinieblas. Lo que decimos en nuestras oraciones, lo que sale de nuestra boca, afectará ver llevar acabo eso para lo que nuestra calidad de vida, porque Dios ha decretado el decreto eterno que nos posiciona como reyes y reinas en este mundo.

Cuando nos unimos como reyes y reinas de este mundo y oramos no solo se trata de provocar un pequeño rompimiento. Comenzaremos a ver nuestra intercesión como un acto de gobierno que libera los decretos y los edictos en el plano terrenal. Comenzaremos a ver cómo nuestros decretos surten efecto en las situaciones de nuestra ciudad y de nuestros hogares. Dios ha preparado una compañía de mujeres para un tiempo como este. Comenzaremos a reinar como las mujeres que somos, escribiremos y reescribiremos los decretos y derrocaremos el espíritu de Amán que se levanta en cintra del Reino de Dios.

Lo que quiero lograr a través de este libro es darle una visión más amplia de la razón por la cual Dios la ha llamado a ser una Ester de estos tiempos, para saber por qué ha sido ungida, por qué el Señor ha puesto su palabra en su boca y por qué el Señor ha hecho que su lengua sea como pluma de un escribiente muy ligero. Quiero cargar y retar su espíritu. Quiero que entienda que sus oraciones salvarán su vida y la vida de sus hijos. Sus oraciones liberarán a las naciones. Dios nos dice que por mucho tiempo hemos errado al no conocer la autoridad que tenemos dentro de nosotros. Después de todo, el Reino de Dios está dentro de nosotros y lo liberamos a través de nuestras oraciones.

Este es el decreto eterno de nuestro Señor Jesucristo y no tornará a Él vacío. No importa cuánto el diablo la ataque, el decreto eterno le ha dado autoridad para decir con voz fuerte: "Diablo estás derrotado. No me importa lo que digas. Existe un antiguo decreto que se declaró en un pasado eterno. Veré la gloria de Dios en mi ciudad. ¡El Reino de Dios avanzará! ¡Así que oraré! Me mantendré vigilante. Veré la salvación del Señor".

Cuando nos unimos como cuerpo no solo nos reunimos para hacer lindas oracioncitas. Nos reunimos para crear una atmósfera donde pueda fluir el poder de Dios. Nos reunimos para deshacer los planes del enemigo. La manera en que reescribamos los decretos del enemigo en contra de su pueblo, determinará nuestro estilo de vida y el de nuestras generaciones. La mejor decisión que usted puede tomar es unirse a un grupo de creyentes para orar y comenzar a gobernar en los cielos.

En el próximo capítulo hablaré acerca de cómo Dios sana las relaciones entre los hombres y las mujeres para que nos respetemos y nos unamos a promover el avance del Reino de Dios. Pero primero ¡vamos a reescribir algunos decretos!

Decretos para preservar a mi familia y mis generaciones futuras

Decreto que la semilla del justo es libre de todo plan maligno que se levante en contra de su destino (Proverbios 11:21).

Decreto que mis descendientes serán poderosos en esta tierra (Salmo 112:2)

Decreto que la generación del justo será bendita. En nuestra casa habrá bienes y riquezas y nuestra justicia permanecerá para siempre (Salmo 112:3).

Decreto que mis hijos y los hijos de mis hijos adorarán en nombre del Señor Jesucristo (Salmo 145:4).

Quebranto toda limitación que el enemigo haya establecido en contra de la vida de mis descendientes. Decreto que no morirán sino que vivirán para contar las obras de Jehová (Salmo 118:17).

Decreto que ningún arma forjada en contra de mi familia prosperará (Isaías 54:17).

Decreto un aumento, expansión y agrandamiento en el mundo (Salmo 115:14-16).

Decreto que todos mis hijos serán enseñados por Jehová (Isaías 54:13)

Decreto que la eterna misericordia y la paz vendrán sobre mis hijos (Isaías 54:13).

Decreto que toda mi familia será salva (Hechos 16:31).

Decreto que el bien y la misericordia del Señor seguirán a mis hijos todos los días de sus vidas y que morarán en la casa del Señor para siempre (Salmo 23:6).

Decretos para mi ciudad

Decreto paz en las calles de mi ciudad (Deuteronomio 20:10).

Decreto que se deshace en mi ciudad todo acto de violencia y asesinato (Salmo 55:9).

Decreto que en mi ciudad fluye el río de Dios (Salmo 46:4).

Decreto que en mi ciudad se escucha la voz del Señor (Salmo 29:3).

Decreto que mi ciudad pertenece a Jesús, el gran Rey (Salmo 48:2).

Decreto que el Señor defiende mi ciudad (Isaías 37:35).

Decreto que los negocios en mi ciudad florecen como la hierba en la tierra (Salmo 72:16).

Decreto que el Señor vela por mi ciudad (Salmo 127:1).

Decreto que los justos de mi ciudad obtienen favor (Proverbios 11:10).

Decreto que el Señor no se olvidará de mi ciudad (Isaías 62:12).

Decreto que habrá un avivamiento en mi ciudad.

Decreto que el poder de Dios se desata en mi ciudad.

Decreto que se desata un gran gozo en mi ciudad (Hechos 8:8).

Decreto que una gran multitud será salva en mi ciudad (Hebreos 11:10).

Decreto que el nombre espiritual de mi ciudad será "El Señor está aquí" (Ezequiel 48:35).

Oración para un avivamiento en las naciones

Señor, yo decreto que mi país, mi nación y mi pueblo te pertenecen. Padre, te pido una bendición para mi nación. Que los estatutos y la moral de tu Reino se establezcan. Señor, me humillo ante ti. Busco tu rostro en oración, me aparto de mis malos caminos y te pido que sanes mi tierra. Borra toda maldad y toda perversión de mi tierra. Señor despierta el corazón de las personas a tu amor. Permite que el poder de la convicción regrese a los púlpitos. Permite que los predicadores hablen del evangelio de tu Reino.

Dios, que las personas puedan estar conscientes de tu presencia y que tengan hambre de justicia. Padre, deseo ver tu gloria así como las aguas cubren el mar. Que tu presencia se manifieste sobre la tierra otra vez.

Que se desate un avivamiento en mi país. Que el Reino de Dios venga con poder. Que los milagros, señales y prodigios se desaten en mi tierra. Sana a las personas de todo tipo de enfermedad. Que la llama de Jesús se esparza a través de toda la nación, de costa a costa. En el nombre de Jesús oramos. Amén.

Capítulo 9

El TRABAJO *en* EQUIPO HACE
el TRABAJO IDEAL

Y creó Dios al hombre a su imagen, a imagen de Dios lo creó; varón y hembra los creó. Y los bendijo Dios, y les dijo: Fructificad y multiplicaos; llenad la tierra, y sojuzgadla, y señoread en los peces del mar, en las aves de los cielos, y en todas las bestias que se mueven sobre la tierra.

—Génesis 1:27-28

TENEMOS QUE SABER dos cosas: 1) Dios hizo tanto a la mujer como al hombre a su imagen. Dios no creó a la mujer inferior al hombre; ambos fueron creado con la misma importancia, y 2) la mujer también fue creada para tener autoridad sobre la creación. El hombre y la mujer tienen que compartir esta autoridad, no pertenece solamente al hombre.

Dios tiene un plan de redención para la mujer. El significado de *redención* es pagar la fianza de una persona que está presa. El Señor Jesucristo redimió a la mujer de la maldición

---

y nos dio la autoridad de gobernar junto a los hombres. Jesús cambió el estatus de la mujer. Ya no tenemos que estar a los pies de los hombres, sino a su lado. Dios nos dijo: "No es bueno que el hombre esté solo; le haré ayuda idónea para él" (Génesis 2:18). Entonces "Jehová Dios hizo caer sueño profundo sobre Adán, y mientras éste dormía, tomó una de sus costillas" (Génesis 2:21). Dios utilizó esa costilla para crear a Eva. Este relato demuestra cuan importante es la mujer para el hombre: ella es carne de su carne y sin ella el hombre estaría incompleto.

La mujer y el hombre deben renovar el espíritu de sus mentes. Si se va a establecer y desarrollar una relación entre ambos géneros, tenemos que recibir sanidad y liberación de las disfunciones demoniacas. Primero tenemos que reconocer quién es el verdadero enemigo—Satanás. Tenemos que tener la definición correcta en lo que se refiera a los roles del hombre y la mujer liderando juntos. Es necesario bajar la guardia. Necesitamos aprender a confiar los unos en los otros. Tenemos que decidir sanar, ser libres y reconciliarnos los unos con los otros. Tenemos que olvidarnos de lo que queda atrás y alcanzar lo que nos espera en el futuro.

Libérense, ¡hijas de Sion!

Sacúdete del polvo; levántate y siéntate, Jerusalén; suelta las ataduras de tu cuello, cautiva hija de Sion.
—Isaías 52:2

El plan de Satanás es continuar oprimiendo a la mujer. Él quiere atraparnos y engañarnos a través de nuestro pasado. Quiere que nos mantengamos en un círculo vicioso de la queja y que sigamos apuntándole el dedo señalador a los hombres. Este es el tiempo de hacernos responsables de nuestra sanidad y liberación. Tenemos que reconciliarnos en nuestro interior de no querer recibir una disculpa o un reconocimiento sobre las injusticias que hemos recibido.

En muchas ocasiones no queremos; lo realmente buscamos en la venganza. La justicia busca hacer de lo malo algo bueno. La venganza busca hacer a alguien sufrir y pagar por el mal que se hizo. No podemos permitir que la amargura destruya nuestra unción y detenga nuestro crecimiento. El Señor nos dará las estrategias para vencer la desigualdad a la vez que mantenemos el espíritu correcto.

Es tiempo de perdonar y de liberarnos de las heridas de nuestra vida y de las que nos ocasionaron en la iglesia. Tenemos que decidir remover las barreras que impiden la unidad y el trabajo en equipo. Aquí incluyo una lista de trampas que les impiden a los hombres y las mujeres lograr trabajar en equipo.

La trampa de "es que soy mujer"

Si las mujeres vas a trabajar con hombres en un equipo ministerial, no podemos observarlo todo a través del lente del rechazo. No podemos pensar que todo lo que hacen los hombres es injusto simplemente porque somos mujeres. Recuerdo haber trabajado en una conferencia junto a un equipo de hombres y el video de cada uno de ellos estaba en una página web, pero el mío no estaba. El enemigo comenzó a ponerme pensamientos que decían: "Lo hicieron porque eres mujer. Ninguno de sus videos se quedó fuera del sitio web". Inmediatamente silencié al enemigo con la verdad. Tenía una excelente relación con el coordinador del evento y sabía que su deseo era promover mi ministerio. Estaba segura de que había sido un despiste o un error técnico. Tenemos que juzgar correctamente cada situación y reprender cualquier pensamiento contrario al conocimiento de Dios.

La trampa del desprecio hacia los hombres

En la historia que hemos discutido el rey y sus consejeros creyeron que el hecho de que la reina Vasti se rehusara a someterse a la autoridad del rey influenciaría a las mujeres de todo el reino y les provocaría despreciar a sus esposos y ser irrespetuosas hacia ellos (vea Ester 1:17-18). No podemos permitir que nuestro uso de la autoridad se perciba como un desprecio hacia los hombres. El desprecio puede definirse como un sentimiento de que algo o alguien no es digno de nuestro respeto o de nuestra admiración. También es falta de respeto o miedo de algo que generalmente se respeta. Mientras nos movemos y operamos en nuestro dones y llamados, tenemos que ejercitar la sabiduría y la humildad. Habrá momentos en los que no estaremos de acuerdo con nuestros compañeros varones, pero tenemos que ser sensibles a la voz del Espíritu Santo para saber cómo manejar este tipo de situaciones. No todo tiene que confrontarse, sin embargo, hay ocasiones en las que nuestra cooperación con el modo de proceder no se alinea con la voluntad de Dios. Tiene que haber un balance entre la confrontación y la cooperación.

La trampa de "no se aprovecharán más de mí"

El Señor está levantando hombres que tienen el corazón del Padre hacia las mujeres. Hegai el eunuco representa a esos hombres que verán los dones y los talentos en las mujeres. Hegai no vio solamente la belleza de Ester, sino el potencial que tenía. Él no la deseaba sexualmente. Sus motivos eran puros. Él le brindó su consejo, sus recursos y la posicionó para ganar el favor del rey. También representa a esos hombres que imparten el conocimiento y la sabiduría que nos capacitará para alcanzar el próximo nivel ministerial. Él fue el mentor de Ester en el aprendizaje de las reglas del palacio y fue quien le explicó el decreto de muerte que le esperaba.

La trampa de "usaré a un mujer porque no consigo a un hombre"

Muchos hombres tienen que deshacerse de la enseñanza errónea de que Dios usará a una mujer si no consigue a un hombre. Muchos basan esta enseñanza en Jueces 4:9, donde Barak, un líder del ejercito de Israel, no quiso ir a la guerra y entonces Deborah la profetiza dijo que iría con él. Contrario a la enseñanza popular de esta historia, creo que Barak es un ejemplo de un hombre de fe que reconoce el talento, el liderazgo y la sabiduría de Dios de tener una mujer ungida por Dios como parte de su equipo. Él no creía en la idea generalizada de la época. Él entendía el poder de trabajar en equipo. Él sabía que sus esfuerzos combinados asegurarían el éxito del ejército, ya que cada cual traería sus capacidades únicas. Barak está entre los héroes de la fe que aparecen en Hebreos 11:32. La mujeres y los hombres deben siempre mantener un corazón humilde. Nuestra prioridad debe ser cumplir la voluntad de Dios y darle toda la gloria.

Ester y Mardoqueo: el equipo estrella

A través de la historia podemos observar que en su soberanía Dios escogió usar a Mardoqueo y a Ester en su plan para libertar al pueblo de Israel. Aquí vemos a un equipo que estaba decidido a tomarse riesgos.

Mardoqueo, quien había servido como mentor de Ester, retó sus lágrimas y despertó la valentía que había dentro de ella para que se presentara delante del rey. Su consejo le dio una nueva perspectiva.

Como mujer he descubierto que en muchas ocasiones permito que mis emociones me hagan perder la perspectiva del panorama completo de mi llamado y mi destino. Generalmente los mentores varones que he tenido me ayudan a ver nuevamente el panorama completo. Su mentor tendrá meas fe en usted que usted misma. Quizás no encontrará al mentor perfecto, pero es necesario que busque a alguien o a varias personas que puedan impartirle las cualidades y las habilidades que usted necesita para cumplir con su tarea.

Quisiera dar una señal de alerta en lo que respecta a la mentoría de un hombre hacia una mujer. Con esto no quiero decir que un hombre debe pasar tiempo de mentoría a solas con una mujer. La mentoría es una experiencia de relación a través de la cual una persona equipa a otra espiritualmente.

El primer mentor de una mujer debe ser otra mujer. La mentora primaria nutre su feminidad, la ayuda a traer sanidad a sus emociones y la ayuda a reafirmar el carácter propio de una mujer de Dios. La mentora primaria tiene un gran impacto sobre su vida.

El mentor masculino se convertirá mayormente en un entrenador. Ellos la animarán a alcanzar su máximo potencial en un área específica de su vida, tal y como lo vemos reflejado en la historia de Ester y Mardoqueo. Mi experiencia ha sido que los mentores masculinos son en mi vida como hermanos mayores y como tíos. También tengo una relación de amistad con sus esposas. Cuando recibo de ellos un consejo o una aportación, se da en un ambiente de equipo y como sucede en el campo laboral. He tenido la oportunidad de ser la única mujer en un equipo ministerial. La evaluación y la impartición departe de los hombres me ha ayudado a alcanzar madurez espiritual y también a desarrollar destrezas de liderazgo. Mi experiencia ha sido que cuando se desarrolla un ambiente seguro para la enseñanza y la comunicación, los mentores masculinos son un recurso muy valioso.

Si Ester no hubiese estado dispuesta a recibir dirección, consejo e información confidencial departe de su primo y mentor, Mardoqueo, ella no hubiese estado en la posición mental, espiritual o física adecuada para exponer el plan de Amán.

Ester no hubiese sido capaz de revelar los planes malignos de Amán sin la información que recibió departe de su primo Mardoqueo. Por oro lado, Mardoqueo no hubiese podido tener la autoridad te reescribir el decreto si Ester no le hubiese dado el crédito de exponer la vil confabulación en contra del rey (vea Ester 8:7-10). Al final, después de que Ester expuso la confabulación de Amán y este fue ejecutado, a ella y a Mardoqueo se les otorgó autoridad en el reino.

Jesús nos levantó y nos ubicó en posiciones de liderazgo y los hombres pueden apoyar la obra de Dios en nuestras vidas al reconocernos, darnos mentoría y al promover nuestros dones, talentos y habilidades.

Satanás ha levantado una enorme división en las relaciones de hombres y mujeres en el Reino, y el pecado ha distorsionado lar relaciones entre el hombre y la mujer en todos los niveles de la sociedad. Sin embargo, Dios está restaurando la unidad entre el hombre y la mujer que se perdió en el jardín del Edén. El Señor nos está dando revelación y una nueva perspectiva que ha provocado que los hombres y las mujeres entiendan que cada uno tiene roles distintos. Creo que el Señor está restaurando la unidad, el respeto y la colaboración entre los hombres y las mujeres para poder lograr su propósito en la tierra. El Señor está provocando un aumento en la colaboración y el trabajo en equipo entre los hombre y las mujeres para que las generaciones huérfanas se salven del genocidio.

Este tipo de trabajo en equipo trae consigo la magnitud de la naturaleza del carácter de Dios. Si como padres y madres que obtenemos la mente de Dios con relación a este estilo de trabajo en equipo con el fin de educar a nuestros hijos, tendremos como resultado que esos hijos crecerán para convertirse en padres y madres que también criarán a sus hijos e hijas con el conocimiento correcto de cómo debe ser la relación entre un hombre y una mujer. Así dejaremos un legado divino en la tierra.

Oración para activar el trabajo en equipo entre hombres y mujeres

Mejores son dos que uno; porque tienen mejor paga de su trabajo. Porque si cayeren, el uno levantará a su compañero; pero ¡ay del solo! que cuando cayere, no habrá segundo que lo levante.

También si dos durmieren juntos, se calentarán mutuamente; mas ¿cómo se calentará uno solo? Y si alguno prevaleciere contra uno, dos le resistirán; y cordón de tres dobleces no se rompe pronto.

—Eclesiastés 4:9-12

✖

Padre, te agradezco que estés restaurando la relación entre el hombre y la mujer en el Cuerpo de Cristo. Tu Palabra dice que mejores son dos que uno. Oro por una conexión divina y por que se me acerquen hombres con un corazón puro. Dejo ir las heridas del pasado. Señor, el poder de tu sangre limpia mi corazón de toda amargura. Seré una mujer de autoridad y me someteré a los hombres que estén en autoridad. Ordeno que se caiga toda pared de división y desconfianza que se haya levantado entre hombres y mujeres en liderazgo. Hay seguridad cuando andamos en grupo. No seré una mujer aislada y alejada de la protección de un equipo. Decido confiar en mis líderes. No soy el plan alterno de Dios. He sido específica e intencionalmente llamada, ungida y separada para cumplir el propósito del Reino de Dios en la tierra. En el nombre de Jesús, amén.

Capítulo 10

DISEÑADAS *para* INFLUENCIAR

Mi embrión vieron tus ojos, y en tu libro estaban escritas todas aquellas cosas que fueron luego formadas, sin faltar una de ellas.

—Salmo 139:16

HAY UN LIBRO profético sobre su vida. Todos tenemos un libro en el cielo en el que Dios escribió, diseñó y creó sus días. Tenemos que echarle un vistazo al plano de nuestras vidas para tener una visión fresca de ese diseño y para no quedar atrapados en las tareas mundanas del diario vivir. Sus días fueron diseñados cuando ninguno de ellos existía (Salmo 139:16). ¿Conoce la tecla de "insertar" que tienen las computadoras? El diablo intenta insertar sus días en su libro. El Señor le dice que tiene que recurrir a esa tecla de "eliminar" y comenzar a eliminar con la ayuda de la Palabra de Dios las obras del enemigo en su vida.

La pobreza, la enfermedad y el tormento del enemigo no están en su libro. Estas cosas están bajo maldición. No son parte de la vida que Dios ha diseñado para usted. Jesús murió para que tuviera vida y vida en abundancia.

Le toca a usted insistirle y pedirle a Dios que le revele los secretos y los misterios que están en ese libro. Es su decisión si su vida es un panfleto o una novela. Usted tiene el poder de decidir si quiere vivir todo lo que el Señor ha escrito de usted en ese libro. Dígale al Señor que usted hará todo lo que Él diseñó que haría, que usted insistirá hasta descubrir lo que contiene el libro.

No escribí este libro acerca de la unción de Ester para que sigamos viviendo sin saber hacia dónde nos dirigimos, para vivir sin propósito, sin hacer ningún tipo de impacto en el Reino. No. Escribí este libro porque sé que Dios quiere que las mujeres alcancemos las alturas. Somos su arma secreta para el mundo. Y mientras Satanás tiene la intención de mantenernos en la oscuridad y distraídas, sé que Dios me puso su manto para ser una voz para las mujeres de este tiempo.

No estamos en el mundo para este tiempo y temporada por casualidad. Todos los desvíos y las situaciones de nuestra vida convergieron en este momento preciso. Hemos llegado al Reino de Dios para un tiempo como este. Dios nos puso aquí para prosperar. Dios nos puso aquí para que seamos reflejo de la gloria de su Reino aquí en la tierra. Dios nos puso aquí para traer liberación y sanidad a nuestras familias, nuestros amigos y aun a los extraños que se crucen en nuestro camino. Dios diseñó y creo todos los días de su vida. Él la ha diseñado para que le dé gloria al influenciar a las personas y al sistema.

Seguramente nuestras historias no serán las más hermosas. Hemos explorado el pasado de Ester—una huérfana, una mujer, ciudadana de segunda clase. Sin embargo, sepa esto: solo porque haya tenido que experimentar pruebas y tribulaciones, violación y vergüenza, no quiere decir que Dios se haya olvidado de los planes que tiene para usted. Dios no ha cambiado su manera de pensar acerca del dominio y la autoridad que usted tiene para influenciar el territorio que le ha entregado. No se desanime por lo que suceda en el mundo natural. A través de su Espíritu Dios lo está alineando todo para que usted tenga favor, audacia y valentía para que pueda lograr todo lo que Él la ha enviado a hacer. Ponga su mirada en el Señor para que le revele las páginas de su libro. Él es el máximo diseñador de su vida, no el hombre.

Las cuatro unciones para la influencia sobrenatural

Creo que Dios estableció cuatro unciones claves que quiere impartirles a las mujeres Dios en este tiempo. Estas cuatro unciones se manifestarán en la vida de las Ester de este tiempo y su influencia extenderá el Reino de Dios en la tierra. Estas unciones son:

Un amor inconmovible por Dios que la impulsará a amar a otros

En este tiempo Dios le está impartiendo a las mujeres un amor inconmovible que proviene de su corazón para poder amar a todas las personas. Nos estamos preparando para experimentar un nuevo avivamiento en nuestras vidas y esto provocará que lleguen muchas personas a nuestra vida que de otra forma no hubiésemos establecido contacto con ellas.

Tenemos que permitirle a Dios definir lo que realmente es el amor. Tenemos que fijar nuestra mirada en las cosas de arriba (Colosenses 3:2). El Espíritu Santo nos enseñará cómo amar a Dios y a los demás. El amor no es un pensamiento humanista. No puedes amar a Dios como te plazca amarlo. Tenemos que amarlo con todo nuestra mente, nuestro corazón y con todas nuestras fuerzas. Llegamos a un punto de afecto basado en la obediencia. Jesús dijo: "Si me amáis, guardad mis mandamientos" (Juan 14:15).

Este amor hará que podamos estar listos para entregar nuestras vidas por otros. No es un amor ágape cualquiera. El

verdadero amor atravesará lo que sea necesario y nos hará ver
la parte humana en aquellos que han sido deshumanizados,
aun aquellos de los que sentimos temor y tendemos a eludir.
Usted puede influenciar mucho mejor a los que sientan
que usted los ama. Ellos confiarán en lo que usted les diga.
Confiarán cuando usted ore por ellos. Confiarán totalmente en usted. Piense en por un momento. Cuando usted está
seguro de que Dios lo ama puede tener fe. La Biblia dice que
"fe...obra por el amor " (Gálatas 5:6). Mi experiencia ha sido
que cuando sé que Dios me ama, creo más en lo que me dice.
Cuando usted puede entender cuánto le ama y que es capaz de
mover el cielo y la tierra a su favor, usted tendrá fe. Fuimos
diseñados para expresar este tipo de amor a los demás y así
poder influenciar a todo el que nos rodee.

Una sabiduría sobrenatural para influenciar y discipular las naciones

> Enséñanos de tal modo a contar nuestros días, que
> traigamos al corazón sabiduría.
>
> —Salmo 90:12

No me refiero al don de la sabiduría. Dios está liberando
una unción sobrenatural de sabiduría, una unción permanen-
te de sabiduría. Dios le dará una sabiduría sobrenatural para
hablarle a esa persona en su trabajo que viene a contarle sus
problemas, o ese millonario en su círculo de amistades que no
sabe qué hacer con su hijo esquizofrénico.

Quizás usted no predique mensajes públicamente desde un
púlpito, pero puede predicarle el mejor de los mensajes a la
vida de una persona, usted puede sanarlos y liberarlos con la
sabiduría de Dios que fluye a través de usted.

Esta es la misma sabiduría que tenía Salomón (1 Reyes
4:29). Salomón le pidió a Dios una sabiduría sobrenatural y
Dios se la dio. Dios derramará sobre usted esta misma unción
sobrenatural de sabiduría. Podrá saber cosas que no se supone

que sepa, cosas que usted ni siquiera estudió. Él le otorgará esta sabiduría por inspiración. Esta sabiduría le permitió a Salomón convertirse en rey, ser un inventor, cantautor (escribir canciones que penetran el corazón del hombre). Esta es la misma sabiduría que Dios tenía cuando creó el universo. Dios les dará a las Ester de hoy invenciones, curas de enfermedades, libros, canciones, soluciones a los problemas, palabras de sabiduría y conocimiento que tendrá el poder de sacudir las naciones.

Pídale a Dios esta sabiduría sobrenatural. Santiago 1:5-6 dice: "Y si alguno de vosotros tiene falta de sabiduría, pídala a Dios, el cual da a todos abundantemente y sin reproche, y le será dada". ¿Por qué no a usted? ¿Por qué no a usted?

Necesitamos que la sabiduría divina venga sobre nosotros, para que nos llene y salga por nuestras bocas. A través de esta sabiduría podremos influenciar tal y como Dios nos diseñó que influenciáramos.

Una audacia absoluta para predicar el evangelio

En el capítulo 7 hablé acerca de la audacia, pero quiero resaltar esta unción en particular ya que la audacia hará que prediquemos el evangelio sin temor o comprometidos. Esta audacia no es para que nos orgullezcamos y salgamos a promovernos a nosotras mismas. Esta audacia no es para que construyamos nuestros propios reinos. Esta audacia nos dará la valentía necesaria para hablar la verdad de la Palabra de Dios dondequiera que estemos y para aquellos que necesitan escuchar las buenas nuevas. La Biblia dice que debemos predicarle el evangelio a todo el mundo (vea Romanos 1:1-15).

El evangelio es el que llena los espacios vacíos en la vida de la gente. Cuando hablamos la verdad del evangelio, destrozamos lo que usa el enemigo para hablar mentiras a los que viven sin el evangelio; el enemigo les dice que no son nada, que no son nadie. Cuando les decimos a las personas que Dios los creó increíble y maravillosamente, le cerramos la boca al enemigo. Cuando les predicamos el mensaje a nuestros hijos, quienes están confundidos y no saben bien quienes son, le ponemos nuestro pie en la cabeza al enemigo y se la aplastamos. Esto es lo que quiere decir hollar escorpiones y serpientes. La unción para predicar el evangelio de Jesucristo desata el poder milagroso de Dios para actuar en situaciones deprimentes y aumentar la influencia del Reino de Dios.

Un mover de sanidades milagrosas, liberación, provisión y salvación

El Señor quiere que les presentemos el plan de salvación a todas las personas del mundo. La mujer es el arma secreta que Dios tiene para cumplir con esta encomienda. Las mujeres operarán bajo el poder de la resurrección en los lugares donde han experimentado opresión. Seremos esa señal y presagio para nuestros opresores (vea Isaías 8:18). En algunas naciones no se considera a la mujer como una amenaza, por lo que en ocasiones las autoridades quedan perplejas y las dejan tranquilas cuando las ven predicar en lugares de poder y autoridad.

Dios ha equipado a la mujer con poder milagroso para influenciar los corazones de las personas. Él desata los milagros para que puedan ver que es un Dios de amor que actúa en nuestro beneficio. La sanidad sobrenatural revela la compasión de Dios y hace que las personas lo reconozcan como Dios. En Lucas 7:16, cuando Jesús levantó de la muerte al hijo de la viuda, la gente dijo: "Dios ha visitado a su pueblo".

El poder del Espíritu Santo nos anima a creer en el único Dios y valida el mensaje del mensajero. El libro de 1 Tesalonicenses 1:5-6 nos dice: "Pues nuestro evangelio no llegó a vosotros en palabras solamente, sino también en poder, en el Espíritu Santo y en plena certidumbre, como bien sabéis cuáles fuimos entre vosotros por amor de vosotros. Y vosotros vinisteis a ser imitadores de nosotros y del Señor, recibiendo la palabra en medio de gran tribulación, con gozo del Espíritu Santo".

Hay personas que nunca estarán de acuerdo con que las mujeres prediquen, pero no podrán negar que la mano de Dios está sobre nosotras. La mano de Dios nos capacitará para realizar grandes sanidades y liberaciones en su nombre. Tenemos que cuidarnos de que las palabras producto de la sabiduría humana nos limiten. Es necesario que sigamos hacia adelante y manifestemos el poder de Dios

Su lugar maravilloso

Te alabaré; porque formidables, maravillosas son tus obras; estoy maravillado, y mi alma lo sabe muy bien.

—Salmo 139:14

Mujer de Dios, ¡eres increíble y maravillosa! Hay un lugar en el mundo en el que puedes ser eso y mucho más. A este lugar lo llamo un lugar maravilloso. En este lugar operan correcta y efectivamente en el espíritu las cuatro unciones que mencioné anteriormente. Ya hablamos sobre el territorio y que a cada reina se le ha asignado uno. Considere ese territorio como ese lugar maravilloso del que le hablo. Este es el lugar que usted ama y en el que siente pasión por trabajar. Ese lugar maravilloso es donde usted se siente querida, necesaria y apreciada.

Con esto no quiero decir que no recibirá oposición, pero usted contará con una gracia sobrenatural para vencer. Ese lugar maravilloso que Dios le ha entregado será fructífera y tendrá la sabiduría necesaria para resolver los conflictos y los problemas que se levanten en este lugar. Siempre existirán los escépticos y los opositores, pero en ese lugar maravilloso usted será más apoyada y apreciada que en ningún otro lugar.

Hay algunos lugares y personas que se mostrarán totalmente ajenas a su llamado y propósito. Ellos son un desperdicio de tiempo y energía. Ellos son una distracción para que no cumpla con su tarea. Sin embargo, en este lugar maravilloso usted sentirá un alto sentido de propósito, gozo y aceptación.

¿Sabe por qué voy a las naciones? Porque creen que soy maravillosa. Les gusta que los visite y los bendiga con la Palabra del Señor. Ahí es donde sé que soy valorada y apreciada, ahí donde fluyo con un amor inquebrantable por Dios y por los demás, ahí donde fluyo en una unción sobrenatural de sabiduría, donde nada me detiene y puedo predicar el evangelio sin temor, y donde los milagros de Dios ocurren regularmente. Seguro que existe oposición. El diablo siempre querrá detener el trabajo de Dios en el Reino. Sin embargo, hay un sentido de destino y de fructificación que puedo experimentar en ese lugar más que en otros lugares.

¿Dónde está su lugar maravilloso? Espero que el capítulo 7 la haya ayudado a querer contestar esta pregunta más que nunca. Todo el mundo quiere que encajemos en un molde, pero no lo haremos. Yo no seré maravillosa donde usted es maravillosa. Todos tenemos que buscar ese lugar donde Dios diseñó que estuviéramos.

Mujeres de Dios, las reto a seguir en pos de Dios y a que lo busquen para que les muestre el lugar donde serán maravillosas. La iglesia es nuestro centro de entrenamiento, un centro de distribución. La iglesia no está diseñada para ser el lugar donde todos sean maravillosos. No podemos quedarnos dentro de las cuatro paredes de la iglesia intentando predicarle, orarle o profetizarle a la misma gente semana tras semana. Somos personas a las que Dios quiere enviar. Dios quiere enviarnos a trabajar en vez de quedarnos en la iglesia intentando probar algo.

Como mujeres podemos cumplir con muchos roles y posicionarnos en tanto lugares valiosos de la sociedad y aún ese espíritu religioso nos puede atormentar, nos dice que no seremos efectivas a menos que seamos ministros. No todo el mundo tiene el llamado de estar en la casa. Algunas de nosotras hemos sido llamadas a ejercer en el área comercial. Algunas fuimos llamadas a ejercer en la política. Dios nos ha dado influencia, pero tenemos que buscar ese lugar específico y creer con total seguridad que Dios nos llamó para este tiempo.

De la misma forma que Dios escogió a Ester entre los demás de su pueblo para convertirse en libertadora y un ejemplo eterno para las mujeres, Dios puso su mano sobre usted. Usted ha sido diseñada para ser una mujer poderosa y de influencia en este tiempo. Declaro que este es el mejor momento para que usted brille y se convierta en la Ester que necesita su familia, su lugar de trabajo, su ciudad y su nación. Usted es una reina en la corte del rey que reinará con gracia, sabiduría, discernimiento y audacia. Declaro que este es su mejor momento. No se deje engañar por el diablo. Usted fue diseñada para cumplir con los mandatos de un Reino celestial, un reino que no tiene fin. Usted fue diseñada para bendecir el nombre del Señor y dar a conocer su nombre. Usted fue diseñada para caminar en prosperidad. Usted fue diseñada para escribir decretos que reviertan los planes del enemigo. Usted fue diseñada para deshacer la pobreza, la enfermedad y la dolencia. Usted fue diseñada para influenciar.

Oración para activar una sabiduría sobrenatural

Señor, derrama tu sabiduría sobre mí. Pon tus palabras en mi boca. Que mi corazón se llene de tu sabiduría. Señor, desato sobre mi vida una unción sobrenatural de sabiduría. Que un despertar sobrenatural de sabiduría venga—esa dimensión sobrenatural en la que puedo ver lo que está oculto—para saber el cuándo, cómo, el porqué y el qué.

Desata sobre mí la sabiduría necesaria para influenciar las naciones. Dame ese impulso sobrenatural de sabiduría que pidió el apóstol Pablo. Que los sueños y la visión de Dios comience resurgir desde mi interior. Que pueda tener ideas que nunca haya tenido.

La sabiduría está en las puertas diciéndome y enviándome a clamar por discernimiento. Señor, dame discernimiento para manejar mis finanzas. Dios, ayúdame a entender el sistema económico como nunca antes.

Quiero ver tu corazón, Padre. Recibo tu unción sobrenatural para que la el espíritu se sabiduría venga sobre mi vida. Sé que la sabiduría es uno de los siete espíritus de Dios que recibió Jesús y le permitió juzgar las naciones. Dame de esta sabiduría. En el nombre de Jesús. Amén.

La oración que activa el espíritu de influencia

La influencia es la capacidad de tener algún efecto en el carácter, el desarrollo y la conducta de algo o alguien. La influencia es el poder de cambiar o afectar a alguien o algo; el poder de provocar cambios sin forzarlos directamente.

Padre, gracias por hacer que la influencia se despierte dentro de mí. Despiértame para posicionarme en mi esfera de influencia. Remueve las escamas de mis ojos para que pueda ver a quienes debo influenciar. Señor, me has dado dones y talentos únicos para provocar cambios en los que me rodean. Que los dones que me has dado me abran camino en la tierra. Permite que pueda expresar mis dones de manera libre y creativa. Permíteme conectarme con aquellos que me entrenarán y me equiparán. Comenzaré en donde estoy hoy mismo y continuaré esforzándome para alcanzar todo lo que me has llamado a hacer. No permitiré que el temor me paralice. Impartiré lo que me has dado a las personas que están dentro de mi esfera de influencia.

Señor, envíame hacia aquellos que pensarán que soy maravillosa. Envíame hacia aquellos que están dispuestos a escuchar mi voz. Decreto que soy un agente de cambio. Declaro que tengo sabiduría, visión e influencia para la próxima generación. Declaro que estoy alineada con mi propósito. Declaro que fui increíble y maravillosamente diseñada a tu imagen. Buscaré el lugar donde mi influencia funcionará. Encontraré ese lugar maravilloso. En el nombre de Jesús, amén.

NOTAS

Introducción
Fuimos creadas para algo mayor

1. KimberlyDaniels.net, "About Kimberly Daniels,".

Capítulo 2: Favor para su tarea

1. Duane Vander Klok, *Unleashing the Force of Favor* (Baker Publishing Group, 2006).
2. Para más información, visite www.btlife.org, www.rootscenter.org.

Capítulo 3: El poder de su perfume

1. Roberta Wilson, *Aromatherapy* (Penguin Putnam Inc., 2002), 96–97.
2. *Woman's Study Bible* (Thomas Nelson, 1997), s.v. "Ester 2:3".
3. Ray C. Stedman, "Nehemiah: Rebuilding the Walls," http://www.pbc.org/system/message_files/3048/0216.html.
4. Robert Jamieson, A. R. Fausset, and David Brown, *A Commentary, Critical, Practical, and Explanatory on the Old and New Testaments* (N.p.: J. B. Names & Company, 1882), http://biblehub.com/commentaries/jfb/nehemiah/2.htm.

Capítulo 4: Un despertar a su destino

1. BrainyQuote.com, "Albert Einstein Quote".

Capítulo 5: Gobierne y reine con el cetro de la oración y el ayuno

1. IHOP Tallahassee Missions Base, "The Revelation of Intercession", http://ihoptallahassee.org.
2. Webster's Dictionary 1828, Edición en línea, s.v. "territorio", http://webstersdictionary1828.com/.

Capítulo 6: Libérese del espíritu de orfandad

1. BrainyQuote.com, "Eleanor Roosevelt Quote".
2. Yaacov Cohen, "The Tragic Life of Queen Esther" Huffington Post, http://www.huffingtonpost.com.
3. Leland Ryken, *Words of Delight: A Literary Introduction to the Bible* (Baker Books, 1993).

Capítulo 7: Camine con audacia y valentía

1. Jack Hayford, executive ed., *New Spirit-Filled Life Bible* (Thomas Nelson, 2002), 1497.

Capítulo 8: Reescriba el decreto

1. Jane Hamon, *The Cyrus Decree* (N.p.: Christian International Ministries, 2002).
2. James Strong, *Strong's Exhaustive Concordance of the Bible* (Hendrickson Publishers Inc., 2007), 1483.
3. *Ibíd.*, 1470.
4. *Ibíd.*, 1567.

MICHELLE MᶜCLAIN-WALTERS

MICHELLE MᶜCLAIN-WALTERS ha visitado más de cuarenta naciones y ha dirigido escuelas de profetas que han activado a miles de personas en el arte de escuchar la voz de Dios. Es autora del varios libros y actualmente sirve como directora del ministerio de oración del equipo de líderes de Crusaders Church bajo la cobertura del apóstol John Eckhardt. Michelle es una de las profetas y líder del equipo apostólico de Crusaders Church. Ella vive en la ciudad de Chicago junto a su esposo, Floyd, y su hija, Eboni.

CASA CREACIÓN

Editorial Nivel Uno

PRESENTAN:

Para vivir la Palabra

www.casacreacion.com

Te invitamos a que visites nuestra página web, donde podrás apreciar la pasión por la publicación de libros y Biblias:

www.casacreacion.com

Para vivir la Palabra